사회심리에세이

그래야사람이다

사회심리에세이

그래야 사람이다

이명수 지음

유리창

마침내 사람에게 다가가 마침표를 찍는 글

십수 년 전 글을 쓰기 시작할 때 내게는 글쓰기 선생이 있었다. 이명수. 내가 평생 읽은 소설의 작가들이 간접 스승이었다면, 그는 직접 스승이다.

인물들에 대한 심리평전을 쓸 때 함께 또는 한 발 먼저 자료를 세밀하게 살피고 그 자료를 바탕으로 토론을 하며 서로 생각을 첨삭했다. 눈에 보이는 것도, 손에 잡히는 것도 없는 공간에서 손잡고 함께 뛰어내린 스카이다이버처럼 경계 없는 하늘을 맘껏 유영하며 담소하거나 치열하게 토론했다. 그와 나의 개인사부터 인간관계, 가치관과 세계관이 속수무책 드러나는 시간이었다. 주제와 무관하게 샛길로 빠져 각자의 어린 시절 얘기로까지 번져 웃기도 울기도 하고, 때론 격한 논쟁으로 마음이 상해 심호흡하기도 했다.

둘 다 술, 담배도 안 하고 친구도 거의 없고 취미생활도 없이 그저 함께 얘기하는 것으로 지낸 시간들. 그 새털 같은 시간들 속에서 서로의 마음에 관해 노련한 스카이다이버가 되는 건 당연한 일일 수밖에 없다. 이젠 막막한 하늘에서 뛰어내리는 순간도 즐기고, 허공에서 말 한마디 없어도 손발이 척척 맞는다. 상대가 지금 무엇을 원하는지, 내게 지금 어떤 동작을 원하는지, 수직낙하 중에도 서로 알고 행한다. 사는 내내 서로의 느낌과 생각의 구석구석을 샅샅이 훑고 깊고 넓게 들추며 만져보았다. 표면적이 육안으로 보이는 넓이의 수만 배나 된다는 숯처럼, 오랜 세월 넓혀간 둘의 느낌과 생각의 표면적도 그와 비슷할지 모른다. 그런 과정이 생생하게 드러나는 게 글이다. 그런 의미에서 그의 글은 내게 스승인 동시에 좋아하는 친구다.

글쓰기 제자의 활동을 돕던 뒷배 스승의 본격적인 사회적 글쓰기가 시작된 것은 4년 전. 한겨레신문에 '이명수의 사람그물'이라는 칼럼을 연재하면서부터다. 그때부터 나는 그의 글쓰기 동료인 동시에 애독자의 입장에서 함께했다. 그가 완성한 글을 누구보다 먼저 읽는다는 괜한 특권의식과 설렘은 지금도 여전하다. 진짜다. 내가 글을 쓸 때도 그랬던 것처럼 그와 나는 최종 원고 직전까지 서로 몇 번씩 의견을 주고받는다. 생각의 방향에 대해서 조언하기도 하고, 문장을 이런 식으로 다듬으면 좋겠다는 의견을 제시하기도 한다.

필자와 첫 번째 독자로, 작가와 편집자로 빙의하는 그 시간은 복되고 행복하다. 그는 늘 나보다 섬세했고 생각의 방향은 내 예상을 뛰어넘는다. 조사 하나를 바꿀지 말지 함께 고민하는 쫀쫀함 속에서 그 글의 의미를 다시 따져보기도 하고, 그 글이 제일 힘이 될 사람을 떠올리며 미리 울컥하기도 한다.

그의 글은 시의성 있는 보편적인 상황에서 숨을 들이쉬며 시작되지만 궁극엔 우리가 닿아야 할 '사람성' '개별성'에서 숨을 내쉬며 마침표를 찍는다. 거대담론 없이 사람 얘기, 마음 얘기를 펼쳐내는 그의 글이 나는 체질적으로 딱이다. 마음 내밀한 곳까지 가 닿게 하는 힘이 있다. 그래서 글의 주제에 관해 한참 얘기를 나누었음에도 막상 그의 글을 받아 들면 항상 생각에 잠기게 된다. '내 경우에는 과연 어땠는지, 나도 은근히 그렇게 살아오지는 않았는지' 돌아보게 한다. 뚜벅뚜벅 확신에 차 걷던 길에서 잠시 주춤하고 잠시 기우뚱하게 만든다.

4년간의 칼럼을 한꺼번에 통독하며 주춤하고 기우뚱한 느낌이 또 한번 세게 왔다. 가장 가까운 거리에 있는 사람이고, 성찰과 치유를 돕는 일을 직업으로 삼고 있음에도 그렇다. 개인적인 관계를 떠나 내가 그의 글에 감탄하고 애정하는 이유다.

그와 내가 함께 써서 5년간 일주일에 한 번씩 메일로 발송했던 '그림에세이'가 있다. 그 글에 대한 반응 중에서 가장 많았던 것은 "내가 요즘 이런 마음인 거 어떻게 알고 보내셨어요?"였다. 그림에세이는 아주 소박하고 개인적인 이야기를 담았던 글이다. 그의 지론인 개별성의 끝에서 진짜배기 보편성이 나온다는 것이 그 글을 통해서도 증거된 셈이다. 주로 사회문제를 논하는 칼럼에서도 그 힘과 섬세함은 하나도 줄지 않았다. 외려 더하다.

옆에서 지켜본 바로 4년간 연재한 그의 칼럼 중 사람들이 가장 뜨겁게 반응한 글은 '그것으로 충분하다'였다. 누군가를 도울 때 힘들면 2진으로 물러나 있다가 다시 1진으로 나오면 된다는 내용이다. 지금 아무것도 안 하고 있어서 괴롭다면 현재 자신이 2진이라 생각하라며 용기를 주는 글이다. 그 글을 읽고 많은 사람이 안도했고 힘을 얻었다고 전해 들었다. 나는 그의 글 중 어떤 글이 가장 좋았나 생각했다. 그의 글에 쓰인 문장이나 단어 하나, 쉼표 하나에서도 그를 깊이 느끼며 애정하지만, 특히 내가 가장 좋아하는 글은 '심심해야 좋은 사회다'이다. 나나 우리가 가야 할 길이 먼 곳도 어려운 곳도 아닌 이미 가까이에 있는 우리 일상이라는 것을 이토록 호소력 있게, 설득력 있게 전달할 수 있을까 싶다. 절대 내 이름이 여러 번 언급되어서가 아니다. 어쨌든 나는 그와 함께 심심하게 살 것이다. 내 생의 가장 숭고한 지향이다.

-정혜신(정신과 의사, '치유공간 이웃' 치유자)

왜 쓰는가?

10대 후반이나 20대 초반쯤이었을 것이다. 어떤 일화를 전해 들었고 깊은 인상을 받았다. 감동했다고 해야 솔직한 고백이다. 떠도는 얘기들이 흔히 그런 것처럼 한껏 부풀려진 일화의 구조는 젊은 상상력을 자극했다. 지금은 그런 기억을 되살리는 것만으로도 부끄럽지만 그땐 그랬다.

어느 날 가게 주인이 사무라이의 어린 아들을 데리고 찾아오는 것으로 얘기는 시작된다. 아이가 자기네 가게의 과자를 훔쳐 먹었다는 주장에 사무라이 아빠는 아이에게 그랬느냐 물었고, 아이는 그런 적이 없다고 세차게 고개를 저었다지. 사무라이는 즉시 칼로 아이의 배를 갈라서 자기 아들이 과자를 훔쳐 먹지 않았다는 걸 증명한 후 정해진 수순대로 가겟집 주인의 목을 쳐서 아이의 결백도 밝히고 사무라이의 명예도 지켰다나. 폼생폼사를 지향하는 화끈한 일처리가 들끓는 젊음을 매료시켰던 모양이다. 한동안 근본도 없는 그 일화를 전파하며 내가 어떤 사람인지 드러내곤 했던 거 같다.

그러다 곧 알았다. 사무라이가 얼마나 잔악하고 어이없는 일을 했는지. 오직 '자기'를 선명하게 드러내기 위한 목적으로 자식과 동네 사람을 무참하게 도륙한 살인극일 뿐이었다. 그런 일에 열광했다는 자괴감은 오래 나를 괴롭혔다.

그 후 사무라이 일화는 내 삶에서 가장 중요한 두 가지 화두 중 하나가 되었다. 내가 하는 말이나 행동이 나를 돋보이게 하기 위해서 다른 사람을 이용하거나 들러리로 만들지 않는지 끊임없이 의심하게 했다. 어떤 상황에서 내가 선명하게 드러난다 싶은 느낌이 들면 '내가 지금 사무라이 짓'을 하는 건 아닌지 불안해졌다.

글을 쓸 때 그런 불안은 극에 달한다. 말이나 행동에 비해 글은 속성상 한 템포 늦기도 하고 나름의 여과장치도 있어서 점검의 시간이 더 많기 때문이다. 지난 4년, 몇 주에 한 번씩 신문에 칼럼을 올릴 때마다 나는 전전긍긍했다. 내 글은 내내 느렸고 화끈하지 못했다. 변명에 불과하지만, 쓸 때마다 왜 쓰는지 물을 수밖에 없어서 그랬다. 명예나 인정욕구 같은 내밀한 욕망이 아닌지 따져 물었고, 내가 가진 대의적 선명성을 과시하기 위한 목적은 아닌지 고쳐 물었다. 어떤 경우엔 매끄러운 문장마저 본질에서 벗어나는 것 같아 마음에 걸렸다. 결과물이 그런 수준에 도달했느냐 하는 문제와 별개로 쓰는 마음은 그랬다.

나 같은 경우 다른 종류의 글을 쓸 때도 그렇지만 특히 신문 칼럼일 땐 그것이 비판이든 인정이든 한 사람만을 겨냥한 미사일 같은 글이어야 한다고 믿는다. 뭉뚱그려 얘기하면 아무 효과가 없다고 느껴져서다. '정부'의 어떤 정책에 대해서 비판하거나 '우리 정치'를 개혁해야 한다고 주장하면 경험상 아무에게도 가 닿지 않는다. 입 큰 개구리처럼 그게 자기는 아니라고 생각한다. 소풍 가는 돼지의 셈법처럼 자기는 빼놓고 목소리를 높인다. 어떤 사안에서, 정부나 정치로 지칭되는 지점에 구체적 인물을 중심에 놓지 않으면 공허해진다. 그래서 글을 쓸 때마다 그 현안에서 중심이 되는 인물의 사진을 벽에 붙여 놓고 그에게 말을 걸었다. 비판이든 상찬이든 당사자가 최소한이나마 수용할 수 있어야 사무라이 짓에 안 빠진다고 믿어서다.

3년 전, 쌍용자동차 해고노동자들이 상주하던 대한문 분향소를 철거하는 과정에서 경찰이 저지른 무자비한 폭력성을 질타하는 칼럼을 썼다. 당시 현장 책임자인 지휘관의 이름을 구체적으로 적시해서 국가공권력의 폭력성을 비판했더니 명예훼손죄로 고소를 당했고, 1년여 재판 끝에 벌금 100만 원 형을 선고 받았다. 개인적으론 그 결과를 법리적으로도 심정적으로도 수용하기 어렵다. 하지만 고소인이던 해당 경찰이 우연히 만난 자리에서 내게 한 말은 기억에 오래 남아 있다. "그냥 경찰 일반에 대해서 비판했으면 저도 이렇게까지는 안 했죠. 제 이름이 아주 나쁜 놈으로 신문에 올라 있는 글을 보고 깜짝 놀랐어요." 당사자가 최소한의 수용도 할 수 없는 글을 쓴 셈이 됐다. 그것 때문에 글 쓰는 일에 주눅이 들진 않았지만, '왜 쓰는가'에 대해 더 치열하게 돌아보는 계기가 되었다.

자신이 쓴 칼럼을 모아 내는 책이 어떤 의미를 가지는지 자신 있게 말하긴 어렵다. 자랑하기는 더 민망하다. 그러나 이 책이 적어도 내게 '왜 쓰는가'라는 질문에 대한 청동 거울의 역할은 할 게 틀림없다. 좋은 쪽이든 나쁜 쪽이든 어느 한 사람에게 그럴 수 있다면, 그것으로 충분하다고 스스로 다독이는 중이다.

지난 세월, 한 번도 빠짐없이 내 글의 첫 번째 독자인 정혜신에게 깊이 고맙다. 그녀는 다른 일상에서와 마찬가지로 쓰는 일에서도 무조건적인 응원자이자 속 깊은 도반이다. 내 글의 팔 할은 그녀로부터 비롯했다. 왜 쓰는가에 대한 첫 번째 토론은 예외 없이 거기에서 시작됐다. 글 쓰는 이로 자리매김 될 때 가장 축복 받은 자산이 무엇이냐고 내게 묻는다면, 주저 없이 그녀다. 이 글의 앞쪽에 배치된 그녀의 추천글을 먼저 읽은 이라면 '놀고 있네' 할지도 모른다. 그런들. 힘 닿는 데까지 계속 잘 놀면서 함께 가볼 계획이다.

내 글이 가진 것보다 훨씬 깊고 눈 밝은 편집을 한 우일문 대표에게 감사한다. 오직 그 이의 펌프질로 탄생한 책이다. 원래의 구슬보다 훨씬 격조 있게 꿰어 주었다. 복 받으시라.

2015년. 3월. 아직도 세월호의 상흔이 안개마을처럼 자욱한 안산에서 10개월 차 주민으로 살아내며 그간의 글 흔적을 어렵게 마무리하다.

이명수

분노

함께

불편

이웃

어려울 때 손 내밀어주는 사람, 이웃이다.
즐거울 때 함께 기뻐해주는 사람, 이웃이다.
우리는 서로 이웃이다.
그게 사람 사는 사회다.
교통과 통신의 발달로 시공간은 무의해졌다.
우리 모두는 이웃이다.
당신 곁에 내가 있다.

그래야 사람이다

결국 만났다. 어느 주말 영도조선소에서 일이다. 한진중공업 파업노동자*들과 크레인 위에서 고공농성 중인 김진숙 지도위원, 그들을 응원하기 위해 전국 각지에서 희망버스를 타고 달려온 1000여 명의 사람들이 만났다. 회사 쪽의 원천봉쇄로 팔순이 넘은 사회 원로와 20대 젊은 여성들이 사다리를 타고 담을 넘는 광경은 눈물겹다.

  그렇게 해봐야 그들은 김진숙과 손을 잡아보지도, 부둥켜안을 수도, 마주앉아 얘기 나눌 수도 없었다. 크레인 위에 있는 그녀와 서로 손 흔들고 손나발로 이름 한번 외치며 안부를 확인하자고 그 먼 길을 달려오고 그 높은 담을 넘은 것이다. 김진숙이라는 여성 노동자가 발휘하는 불굴의 의지나 '엄마성'을 추앙해서가 아니다. 그곳에 김진숙

---

* 2010년 12월 28일부터 한진중공업 노동자들이 한국과 필리핀에서 정리해고 반대와 노동 조건 개선을 내걸고 동시 파업. 김진숙 민주노총 지도위원은 2011년 1월 6일부터 11월 10일까지 309일 동안 부산 공장 내 85호 크레인에서 고공농성을 벌였다.

이라는 이름으로 상징되는 한진중공업 파업 노동자들, 더 정확하게는 우리처럼 숨결이 생생한 '사람들'이 있어서다.

트위터 등을 통해 많은 이들이 그 마음과 눈물겨움을 밤새 전했지만 대다수 언론은 침묵했고, 일부 언론은 '외부 노동세력이 순식간에 담장을 넘어 용역을 폭행하고 국가보안 목표시설인 영도조선소에 무단 침입하는데도 경찰이 수수방관했다'고 보도했다. 사실관계를 다루는 기사에 이 정도의 분노와 훈계질이 담기기도 쉽지 않다. 그렇다면 그건 욕정에 눈먼 원조교제남의 사랑타령처럼 이미 사실이 아니다.

회사 쪽은 조선소 출입구에 철벽을 세우고 컨테이너를 용접해 그곳을 요새로 만들었다. 10대 후반에서 20대 초반의 용역 수백 명을 동원해 조선소 안에 있던 아버지뻘 노동자들을 방패로 내리찍고 내던지고 소화기를 뿌리며 토끼몰이 하듯 내몰았고, 경찰은 뒤에서 팔짱 끼고 담소하며 수수방관했다. 크레인 위에서 그 모든 광경을 지켜보며 '제발 우리 조합원을 때리지 말라'고 절규하던 김진숙이 그 순간 뛰어내리고 싶은 심정이었다는 고백은 철렁하지만 당연하다.

내가 할 수 있는 게 아무것도 없다는 무기력함과 해도 변할 게 아무것도 없다는 아득함은 사람을 무릎 꺾이게 한다. 2003년, 바로 그 크레인 위에서 129일 동안 홀로 버티다 아무도 모르는 새벽 시간에 스스로 목숨을 끊은 한진중공업 노동자 김주익도 그래서 죽었다. 그런 무기력함과 아득함이 계속되는 상황에서 '홀로'라는 생각이 들면 천하장사라도 견디지 못한다. 꼬꾸라진다. 한진 파업노동자 가족의 눈물 고백은 가슴이 저리다.

"지난 6개월 동안 우리끼리 투쟁하다 우리끼리 말라 죽는 거 아닌가, 무서웠습니다. 매일 사원아파트에 모여서 울었습니다."

희망버스는 분란을 부추기는 외부 노동세력이 아니라 그렇게 울고 있는 이들에게 당신들은 혼자가 아니라고 손 내미는 행사였다. 하지만 현대의 자본권력은 검투사들에게 죽음의 결투를 시켜 자기 가문의 부와 명예를 축적하는 고대 검투사 양성소 주인들처럼 뒤로 쏙 빠져 과실만 챙긴다. 검투사들끼리 죽자 사자 싸우는 형국이다.

자본권력이 설정한 그 기막힌 게임의 규칙에 이의를 제기하는 이들은 사상이 의심스럽거나 불순한 외부 세력으로 몰아붙인다. 그런 프레임을 만들어 끊임없이 계몽하고 전파한다.

부산 여행 중이던 스물한 살 딸아이는 주말 내내 영도조선소에 있었다. 누가 기다리는 것도 아닌데 일면식도 없는 진숙 이모를 보기 위해 그곳에 도착해 밤새 트위터로 현장을 생중계했다. 어젯밤 클럽에서 본 또래의 청년이 용역으로 현장에 있다며 고개를 갸웃거리기도 하고, 여기 온 사람들도 자기네들처럼 일당 받고 온 거 아니냐고 되묻는 소년 용역의 행동에 기막혀하기도 했다. 딸아이가 그 밤 가장 많이 사용한 단어는 '사람'과 '함께'였다. 그렇게 사람을 사람 되게 만드는 일에 함께하는 것을 외부 불순세력이라 한다면 나는 딸아이가 날라리 외부세력이 될 수 있도록 적극적인 지원을 아끼지 않을 것이다.

조합원을 때리지 말라는 김진숙의 참담한 절규를 접한 이들은 '한진중공업'을 검색어 1위에 올렸다. "낑낑대며 클릭해서 검색어 1위나 만드는 일이 한심해 보일 수 있지만 주목받지 못한 현실을 바꿔보려 클릭했고 그래서 잠시나마 바뀌었다."고 말한다. 그런 순간, "함께하면 더 바꿀 수 있고 다 바꿀 수 있다."는 말은 가슴에 꽂힌다.

한진 중공업 노동자 가족들은 그곳에 왔다 돌아가는 이들에게 양말 한 켤레씩 선물하며 이렇게 당부했다.

"여기에 사람이 있다는 것을 알려주세요."

입이 있고 손이 있고 머리가 있어 말할 수 있고 행할 수 있고 생각할 수 있다면, 단지 그곳에 '사람이 있다'는 사실을 알리는 일에 함께하는 게 무에 어려운가. 그래야 사람이다.

누구에게나
엄마가 필요하다

 매주 토요일, 경기도 평택역에서 멀지 않은 상가건물 2층에서는 한 바탕 잔치가 벌어진다. 탈진할 듯 뛰노는 아이들의 표정은 봄꽃처럼 환하고 그곳에서 함께 놀고, 요리하고, 상담하는 사람들의 표정에는 유쾌함과 사랑이 흘러넘친다. 쌍용차 해고노동자(희망퇴직자와 무급휴직자들도 본질적으론 해고노동자다)*와 가족들을 위한 심리치유센터 '와락'의 주말 풍경이다.

 소박하지만 도서관, 카페, 식당, 놀이치료실, 상담실, 놀이방 등이 있는 공간. 6000여 명의 사람들이 2억 원의 돈을 모으고 600여 명의 자원 활동가들이 재능을 기부해 5개월 만에 이뤄낸 일이다. 와락이

---

* 2009년 6월 쌍용차는 2600여 명을 정리 해고했다. 이후 법정투쟁, 굴뚝농성, 오체투지 등이 이어지고 있다. 쌍용차 문제는 현재진행형이다.

만들어지는 동안 누군가는 공간을 설계하고, 누군가는 케이크를 만들어 보내고, 또 누군가는 아이들과 함께 공을 차고 그림을 그리고 노래를 불렀으며, 또 누군가는 빗자루를 들고 청소를 했다.

와락의 한 공간에선 심리 상담이 진행되고 또 한쪽에선 함께 먹을 음식을 준비하고 청소를 한다. 놀이공간에선 땀에 젖은 아이들의 까르르 웃음소리가 상쾌하고, 또 한쪽에선 비스듬하게 누워 책을 읽는 아이와 어른의 표정이 행복하다. 치유자 정혜신의 말처럼 와락은 기적이다.

와락을 방문한 이들은 "세상에는 좋은 사람들이 참 많구나."를 연발한다. 서로 그런 존재라는 걸 상대방의 표정으로 금방 알 수 있다. 그래서 명진 스님처럼 눈 밝은 어른은 "와락에 와보니 극락이 이런 게 아니겠나."라고 감탄했을 것이다.

하지만 와락의 운영을 책임지고 있는 쌍용차 해고노동자와 가족대책위 엄마들에게 와락은 아직 완성되지 않은 기적이고 가슴 저린 극락이다. 그들의 가슴속엔 동상 걸린 사람처럼 얼음이 박혀 있다. 해고노동자와 그 가족들의 끔찍하고 비통한 죽음의 도미노 현상이 끝나지 않아서다.

2년 전 2600여 명의 대규모 정리해고 이후 평택은 한국에서 자살률이 가장 높은 지역이 되었다. 2년간 쌍용차 해고노동자와 그들의 젊은 아내들까지 합치면 20명 넘는 이가 스스로 목숨을 끊거나 돌연 사했다. 와락을 준비하는 5개월 동안에도 한 달에 한 명꼴로 사람이 죽어갔다. 축제위원회와 장례위원회를 동시에 운영하는 듯한 와락 관련자들의 자기 분열적 고통은 겪어보지 않은 사람은 알기 어렵다.

77일의 파업기간 동안 해고노동자들은 죽음 각인에 이를 정도의 폭력적 진압으로 인해 인간으로서의 존엄성을 완전히 해체 당했다. '나는 아무것도 아니었구나. 우리는 벌레만도 못한 존재구나'라는 사실을 세포 속에 각인해야 했다. 그렇게 인간의 존엄이 바닥까지 무너진 상태에서 견딜 수 있는 사람은 없다. 그런데 그런 상태를 내색조차 하지 못한 채 가장이나 자식으로서의 역할을 감당해야 했던 이들의 마음을 어떻게 표현할 수 있을까. 고통을 들이켜기만 하고 내뱉지 못했으니 심리적 질식사를 할 수밖에 없다.

올해 초 스스로 목숨을 끊은 해고자 남편에게 아내가 보낸 편지 한 구절은 가슴을 저민다.

"내가 지켜주지 못해 미안해. 그래도 내게 한번만 기대보지 그랬어."

쌍용차 해고노동자들은 누군가에게 기댈 힘이나 의지조차 상실한 상태다. 와락은 그런 이들을 찾아 나서기 위한 베이스캠프다. 현재 와락과 끈이 닿아있는 해고노동자는 100여 명 정도다. 아직도 2500여 명이 숨조차 제대로 내뱉지 못한 채 섬처럼 고립되어 있는 상황.

심리 상담을 통해 작은 숨구멍이라도 생긴 이들이 질식사 직전에 있는 동료들을 하나하나 찾아 나서는 여정이, 와락이다.

인간은 누구나 엄마가 필요하다. 내 엄마도 그렇고 그 엄마의 엄마인 할머니도 그렇다. 누구에게나 엄마가 필요하다. 고통과 고립의 시간을 겪고 있는 이들에겐 더 말할 필요가 없다. 와락은 섬처럼 고립된 이들에게 엄마처럼 다독이며 여기 사람이 있다고 알려주는 공간이다.

와락을 돕는 일, 어렵지 않다. 누군가와 손잡고 와락에 와서 함께 밥 먹고 아이들과 신나게 놀면 된다. 어쩌면 2500명의 목숨을 구하는 일이며, 당신이 누군가의 엄마가 되어주는 일이다. 그것으로, 엄마가 필요한 동료를 찾아 나서는 와락의 해고노동자와 가족대책위 식구들은 엄마를 얻는다. 그러면 희한하게 당신에게도 엄마가 생겨난다. 와락은 그런 상호간의 '엄마성'을 기적처럼 체험하는 공간이다. 꼭 와 보시길. 와락.

우리는
사람이다

주말 아침, 집을 나서서 평택으로 향하는 아내의 얼굴은 복사꽃보다 환하고 발걸음은 깃털처럼 가볍다. 벌써 6주째 계속되는 일이다. 온몸이 악기인 성악가가 자기 몸을 연주에 맞춰 섬세하게 조율하는 것처럼 출발에 앞서 치유자로서 본인의 심리에너지를 조율하기 위한 행동임을 그녀도 알고 나도 안다. 어느 때보다 치료자의 치유 에너지가 많이 요구되는 상황이라서 더 그럴 것이다. 주말의 교통 사정 등으로 왕복 5시간이 넘게 걸리는 평택에 도착해 그녀가 하는 일은 외견상으론 단순하다. 작은 방에 둘러앉아 사람들과 함께 이야기하는 것이다. 그 대상자도 합쳐봐야 열서너 명에 불과하다. 그 안에서 서로 눈 맞추고, 귀 기울이고, 손잡아 주고, 끄덕이고, 분노와 억울함과 고통의 울음을 나누는 것이다. 그게 다다.

　정신과 의사 정혜신이 6주째 진행 중인 쌍용자동차 해고노동자들과 그 배우자들을 대상으로 하는 심리치료의 한 풍경이 그러하다. 그런 정도로 쌍용차 해고자들에게 무슨 도움이 되겠나, 고개를 저을 수도 있다. 실제로 허기진 코끼리에게 주는 비스킷 정도에 불과할 수도 있다. 그들이 겪는 고통은 빵빵하게 부풀어 오른 풍선의 압력처럼 극한의 상황이다. 2년 남짓한 기간 동안 자살 등으로 사망한 조합원과 가족이 무려 14명이다. 집단치유의 과정은 그런 극한의 압력을 낮춰주는 문제 해결의 한 시작이다.

77일간의 쌍용차 파업 이야기를 다룬 다큐영화 〈당신과 나의 전쟁〉 디브이디가 발매되었다. 제목 옆에 쓰인 한 문장은 가슴을 바늘로 찌르는 듯하다. '잊지 않겠다고 말해줘.' 2년 전 파업 때나 지금이나 쌍용차 해고노동자들의 심정이 바로 그렇다. 잊지 말아달라는 것이다.

쌍용차 노동자들과 가족들은 전쟁 같은 상황을 겪은 게 아니라 전쟁을 겪었다. 물과 가스와 전기가 끊긴 건물 옥상에서 경찰 헬기가 발사하는 최루액을 뒤집어썼고, 고압 전기총과 아직도 볼트 자국이 몸에 또렷하게 남아 있을 만큼 강한 볼트총을 맞았다. 진압 과정에서 경찰의 방패에 짓이겨졌고, 곤봉과 단련된 발차기로 무차별 구타당했다. 아내와 아이들은 세상에서 가장 든든한 버팀목이라 믿고 있던 남편과 아빠가 경찰에 쫓겨 사냥감처럼 내몰리는 모습과 끔찍한 폭력의 장면을 눈앞에서 목격했다. 두려움과 생계 문제로 파업 현장을 떠나는 동료들을 인내해야 했고, 파업 중지 관제데모에 동원된 동료들을 향해 악다구니와 눈물의 호소를 해야 했고, 한때 절친하던 이웃집 동료가 자신을 향해서 새총을 쏘는 광경에 몸서리쳐야 했다. 그런 문제가 하나도 해소되지 못한 채 2년여 세월이 흐른 것이다. 그런 상황에서 정상적으로 살아갈 방법은 없다.

그들을 향한 치유자 정혜신의 당부는 짠하다.

"우리는 투쟁기계가 아니에요. 사람이 투쟁하는 거예요. 속에 담겨 있는 감정을 밖으로 내놔야 해요. 그래야 살아요. 우리는 다 피해자예요. 우리 속에서 가해자를 찾으면 안 됩니다."

그래야 산단다.

그런 이들에게 '경찰 특공대도 다쳤다'거나 '빨갱이'라거나 강성 노조가 문제라는 식의 발언들은 무지를 넘어 잔인하다. 2년 전 파업의 현장에서나 지금이나 쌍용차 해고노동자들 티셔츠에 문신처럼 새겨진 문구는 똑같다. '함께 살자.' 그게 국가 전복 세력이나 빨갱이로 몰릴 만큼 큰 죄인가. 함께 사는 게 문제가 돼서 전복될 국가라면 진작 무너지는 게 좋다.

요즘 주말마다 평택에서는 한바탕 잔치가 벌어진다. 심리치료가 진행되는 동안 한쪽에서는 희한하게 사랑스러운 자원봉사자들이 쌍용차 해고자들의 아이들과 웃고 노래하고 껴안는다. 때론 푸짐하게 음식을 나누고, 때론 손잡고 놀이공원으로 나선다. 그것이 시발점이 되어 쌍용차와 아무 관계도 없는 이들이 평택으로 몰려와 축제처럼 힘을 보탠다. 지난주엔 스님과 목사님과 수녀님이 한자리에 모여 쌍용차 해고자들과 다정하게 마음을 포개기도 했다. 고대 출신이 득세하는 세상이라 연대가 쉽지 않다는 우스개가 유행하는 시대에 전방위적인 '쌍용차 연대'는 의미 있게 느껴진다.

한 시인은 '세상에서 가장 어려운 건 사람같이 사는 것'이라고 말했다. 또 다른 시인은 그 말을 받아 '세상에서 가장 어려운 건 사람같이 사는 것'이라는 화두를 던진다. 쌍용차 연대는 그 어려운 문제, 사람같이 살 수 있는 기회를 주는 축복의 시험장이다. 우리가 사람이라면 그렇다.

상처 입은
치유자들이 주는 상

박동운이란 사람이 있다. 해방둥이인데 그의 인생은 전반부와 후반부가 전혀 다르다. 35세까지는 꿈 많은 청춘을 거친 평범한 가장이었으나, 나머지 절반은 감옥과 세상 밖에서 제 뜻과는 전혀 무관하게 국가가 강제한 간첩으로 살았다. 엄밀하게 말하면 35세 이후 그의 삶의 시간들은 원래의 평범한 일상으로 복귀하기 위한 고통과 전쟁의 시기였다고 할 수 있다.

1981년 안기부에 끌려갈 당시 그는 진도농협 계장이었고 다섯 살, 세 살 남매와 만삭의 아내가 있는 평범한 가장이었다. 60여 일간 모진 고문과 허위자백을 통해 어머니, 동생, 숙부 등 박동운의 가족은 졸지에 '진도가족간첩단'이 되었다. 박동운은 진도간첩단 사건의 수괴로 낙인찍혀 18년 동안 옥살이를 했다. 그뿐인가. 박동운과 가족은 석방 뒤에도 주위 사람들로부터 노골적으로 간첩이란 손가락질을 받으며 살았다. 그러니까 감옥 밖에서도 혹독한 수인생활이 이어진 셈이다.

4년간 징역살이를 한 그의 어머니는 죽음을 넘나들던 고문의 순간에도 끝까지 허위자백을 하지 않았다. 함께 잡혀간 두 아들이 억울하게 간첩으로 몰릴까봐 그랬다는 것이다. 박동운은 그 아픈 기억 때문에 교도소에 있는 18년 동안 결코 무릎 꿇을 수 없었다고 말한다. 반성문을 쓰면 석방해 준다는 제안에 대한 박동운의 대답은 간결하고 힘있다. 무고한 사람에게 간첩죄를 씌운 국가가 내게 반성문을 써야지 왜 내가 반성문을 쓰는가.

고문으로 몸과 영혼이 만신창이가 되고 분노와 억울함으로 머리칼이 쭈뼛거리는 수십 년 동안 그는 자기존엄에 대한 확신을 버리지 않았다. 조금의 과장도 없이 고백해 보자. 학력, 나이, 경력, 사상적 배경, 성별 등을 모두 고려해도 나는 아직 박동운만큼 인간의 품위가 흘러넘치는 사람을 본 적이 없다. 고문과 국가폭력 같은 반인간적 문제에서는 시퍼런 비수 같고, 인간의 존엄을 지키려는 모든 이들과 교감할 때는 더없이 맑고 고요하다.

결국 그는 3년여 전 재심을 통해 무죄를 선고받았다. 고문으로 조작한 간첩사건이었다는 국가의 자백을 받아낸 것이다. 하지만 이제 어머니는 돌아가시고, 가족은 뿔뿔이 흩어지고, 몸은 병들고, 나무뿌리 같던 장년의 시간들은 속절없이 사라지고 말았다. 그 시절을 돌이

키는 박동운을 지켜보는 것만으로도 심장에 바늘이 무수히 찔리는 느낌이다.

박동운은 그 아린 시절의 대가로 지급된 보상금의 일부를 고문과 국가폭력 피해자를 돕는 일에 내놓았다. 재단법인 '진실의 힘'*은 그런 '박동운들'에 의해서 탄생했다. 재심 재판을 통해 무죄가 밝혀진 조작간첩사건 피해자들이 손해배상금의 일부를 출연하여 만든 재단, 그게 바로 '진실의 힘'이다. 피해자가 피해자를 돕기 위해 만든 세계 유일의 재단이다.

'진실의 힘'을 다르게 표현하면, 내 고통과 상처를 발효시켜 반인간적 폭력에 희생된 이들을 보호하고 어루만지는 '상처 입은 치유자'들의 집단이다. 한평생 끔찍한 고통과 사회적 소외와 고난 속에서 살아온 자신의 인생이 헛되지 않도록 상처 입은 치유자로 나서는 이들의 모습은 눈물겹게 아름답다.

6월 26일 유엔이 정한 '고문생존자 지원의 날'엔 고문과 국가폭력 피해자, 그 치유와 재발 방지에 헌신해온 개인 또는 단체에 '진실의 힘 인권상'이 수여된다. 상처 받은 치유자들의 간절함과 우뚝한 용기

---

* '진실의 힘'은 군사독재정권 시절 중앙정보부(안기부), 보안사, 경찰 대공분실 등에 끌려가 수십 일에 걸친 잔인한 고문을 당한 끝에 허위자백과 불공정한 재판을 받아 '간첩'으로 만들어진 피해자들 가운데 재심재판을 통해 진실을 밝히고 손해배상 소송에서 국가의 책임을 추궁하는 데 성공한 사람들이 주체가 되어 만든 법인이다.

가 담긴 국내 유일의 인권상이다.

　상처 입은 치유자들에 의해 국가폭력으로 인한 죽음 같은 고통과 덧난 상처들이 어루만져질 때 비로소 국가라는 거대한 공동체가 한 발 앞으로 나갈 수 있는 것이라고 나는 믿는다.

시인 김선우를
찾아서

수천 편의 시를 몰아서 읽을 때가 있다. 일부는 누군가에게 소개하기도 하고, 일부는 수혈 하듯 내 핏줄 속으로 받아들인다. 그러다 보면 주머니 속의 송곳처럼 튀어 나오는 시인이 있다. 대표적으로 미당의 시들이 그렇다. 그와 한 짝인 영광과 오욕의 역사에 불편해하면서도 감탄하게 된다. 한국의 대표 시선집을 엮을 때마다 미당의 시가 빠지지 않는 이유를 알 만하다.

그런 마음의 불편함 없이 내 마음을 온통 빼앗는 시인은 김선우다. 김선우가 보여주는 언어의 결과 운용은 가히 발군이다. 단순히 내 개인적 취향에 의한 선호는 아닌 듯싶다. 시 세계에서 김선우라는 이름이 하나의 축복처럼 통용되기 시작한 건 벌써 오래전 일이다. 창작세계의 두 축이라 할 '문지'와 '창비'에서 모두 시집을 낸 시인은 거의 없는데, 김선우는 그 드문 경우에 해당하는 시인이란다.

시인은 촉수가 예민한 종족이다. 누군가는 시인을 맨 처음 울기 시작해서 가장 마지막까지 우는 사람이라고 정의했다. 우리가 미처 감지하지 못하는 쓰나미급 재앙과 꽃잎의 작은 상처에도 맨 먼저 반응한다. 그러므로 시인이 울고 있는데도 이유를 묻지 않는 사회는 스러질 수밖에 없다. 촉수가 발군인 시인 김선우가 지금 어디에서 무엇 때문에 울고 있는지 아는 건 그래서 중요하다.

지난 몇 년 한진중공업, 쌍용, 용산, 4대강, 강정에 이르기까지 김선우의 울음은 넓고 깊다. 하지만 울음의 맥락은 똑같다.

"어떤 상황을 보았을 때 '어떻게 저럴 수 있을까?' 하면 저 같은 경우엔 눈물이 나요. 4대강 때도 그렇고 할 수 있는 것이 아무것도 없다는 무력감에서 출발해 펑펑 우는 동안 내가 할 수 있는 것이 무엇일까 찾아보게 돼요."

이제 '멘붕'은 일상어에 가깝다. 내가 보기엔 무기력감이 그 뿌리다. 용산 남일당에서 6명이 억울하게 죽었고, 살아남은 8명은 모든 책임을 뒤집어쓴 채 감옥에 갇혀 있다. 그 모든 걸 목도했으면서도 아무것도 하지 못했다는 무기력감은 보는 이의 정신을 혼미하게 만든다. 생존권을 요구한 쌍용차 해고자들을 빨갱이로 낙인찍어 사회에서 격리하는 작태를 보면서도 손 놓고 있었던 안타까움은 또 어떤가. 거의 모든 국민이 반대했음에도 한 사람의 돌관의지만으로 진행된 듯한 4대강 공사, 국가정책이라는 미명 하에 평화롭던 마을공동체를 갈가리 찢어놓은 강정 해군기지 공사 등등. 그런 연이은 상황들에서 멘붕이 오지 않으면 그게 외려 이상하다.

1평 철창에 개를 가두고 꼬챙이로 찌르면 처음엔 이리저리 피하지만, 나중엔 자포자기 상태로 그 고통을 무덤덤하게 받아들인다. 무기력의 극단으로 치닫는다. 모든 걸 포기하는 것이다. 그게 우울증의 근본 원리다.

하지만 시인은 1평 철창 안에서도 처음부터 끝까지 꼬챙이 든 자들에게 분노한다. 고통에 무뎌지지 않으려 자기 살을 꼬집는다. 릴레이 멘붕의 이 기막힌 현실에서도 우리 전체가 무너지지 않는 것은 그런 시인들, 시인의 마음을 가진 이들이 있어서다.

〈모래시계〉부터 〈추적자〉에 이르기까지 불의에 대항하는 검사들의 드라마 속 대사는 대동소이하다.

"대한민국에 검사가 2000명 있다. 나 하나 어떻게 한다고 덮어지지 않는다."

말은 좋다. 하지만 그런 검사들의 나라에서 국민의 무기력감이 해소된 적은 없다. 오히려 더 쌓여만 간다. 현실에서 검사들은 자기 집단의 이익을 지키는 일에만 '용감한 녀석'들이 되기 때문이다.

그러니 시인의 나라가 답이다. 시를 쓰지 않아도 시를 읽고 시인의 마음에 볼 맞대려는 모든 이는 시인이다. 그런 시인이 1000만 명이면 어떤 경우에도 무너지지 않는다. 송경동을 감옥에 가두고 김선우의 울음소리를 강제로 밀봉한다 치자. 나머지 1000만 시인들은 무슨 수로 막을 건가.

가끔 김선우를 비롯한 시인들이 초대장을 보내올 때가 있다. 구럼비 바위일 때도 있고, 크레인 밑일 때도 있고, 광화문 광장일 때도 있다. 그곳에서 시인들은 시를 낭송하고 나지막한 목소리로 진짜배기 삶이 무엇인지를 꽃처럼 들려준다. 경험해 보니, 그런 때 시인에게 마음을 포개면 떡이 생기고 보람이 생기고 즐거움이 생긴다. 그런 순간 그곳에 있는 모든 이들은 시인이다. 발군의 시인 김선우가 되는 일, 알고 보면 어렵지 않다.

밥셔틀,
치유적 밥상의 힘

'밥셔틀'이라는 게 있다. 대한문 쌍용차 희생자 분향소 때문에 새로 생긴 말이다. 간단하게 말하면 분향소를 지키는 이들에게 밥을 날라다 주는 일이다. 누가 무엇 때문에. 어떤 배후라도 있는 것일까. 하지만 분석조차 필요 없을 만큼 이유는 의외로 간단하다.

대한문 분향소 지킴이들은 매일 밤 가로등 불빛을 이불 삼아 잠을 청한다. 보도블록을 밥상 삼고 매연이 반찬 노릇을 하는 끼니가 대부분이다. 그렇게 견뎌오고 있는 시간이 160일. 이런 경우 사람 사는 사회에선 그들의 이불이 되어주고 밥상이 되어주고픈 이들이 나타나게 마련이다. 밥셔틀 또한 그런 인지상정의 한 결과다. 평범한 주부와 직장인 등이 일주일에 한두 번 자기 형편에 맞게 따뜻한 밥을 준비해 분향소 지킴이들에게 때로는 시골밥상을, 때로는 소박한 회식 밥상을 차려준다. 그게 다다.

밥셔틀을 처음 시작한 한 주부의 이유도 거창하거나 심오하지 않다. 분향소가 설치된 직후 빵으로 식사하고 있는 쌍용차 조합원들을 경찰들이 비웃으며 지켜봤다는 얘기를 들었단다. 너무 화가 나 '경찰들 앞에서 고기를 굽고 진수성찬을 차려 주겠다.'는 생각으로 밥을 싸들고 대한문을 찾았다는 것이다. 그렇게 5개월째다. 더 무슨 이유가 필요한가.

밥에도 성실한 밥이 있고, 옳은 밥이 있고, 아름다운 밥이 있고, 마음을 움직이는 밥이 있다. 밥셔틀의 밥상은 그 모든 것을 포함한다. 그것은 치유적 밥상의 또 다른 이름이 된다.

모든 연대는, 누군가에게 마음 포개는 일의 배후는 그렇게 간단하고 자명하다. 분노, 안타까움, 연민, 호기심에서 비롯하지만 자신의 몸으로, 재능으로, 눈물로, 웃음으로 마음을 포개는 순간 세상은 거대한 치유적 밥상이 된다. 사람에게 마음이 있어서 그렇다.

하지만 그런 마음의 세계를 잘 이해하지 못하는 이들의 처지에선 치밀한 음모나 불순한 배후세력을 떠올리는 게 당연하다. 희망버스를 타고 수만 명의 사람들이 크레인 앞으로 달려갔을 때 젊은 용역들은 희망버스 승객들에게 묻곤 했단다.

"당신들 일당은 도대체 얼마기에 이렇게나?"

그들의 처지에선 당연한 의문이다.

수천 명이 참여한 쌍용차 해고자 후원 행사장에서 목이 쉬어라 바자회 자원 활동을 하는 엄마에게 함께 갔던 초등학생 딸내미가 물었단다.

"나는 엄마가 굳이 이 자리에 있어야 하는 이유를 모르겠어."

연단에 올라 사람들의 주목을 받으며 연설하는 유명인도 아니고 해고자 친척이 있는 것도 아닌데 엄마는 왜 수천 명 중의 한 사람으로 이 자리에 있는 것일까. 그런 의문이 생길 수도 있다. '길 가는데 한 사람이 이유도 없이 무자비하게 두들겨 맞고 있어……'로 시작되는 지혜로운 엄마의 눈 밝은 설명을 되풀이할 필요는 없을 것이다. 사람에게 마음이 있다는 사실을 알고 있다면 그 말을 못 알아들을 리 없다.

열심히 사는 직장인에서 한 걸음 더 나아가 적극적 연대자가 된 한 시민의 통찰과 자성은 깊고 선하다.

"대추리에 마을이 있었는지, 평택 쌍용차 공장에 사람이 있었는지 내 삶에 취해 무관심하게 살아온 지난날을 반성하며 사람과 생명이 있는 모든 곳에 연대하고 응원합니다."

어느 시인에 따르면 '살아 있다는 것은 내 슬픔보다 더 큰 슬픔을 만나는 일'이다. 내 생각을 덧붙이자면, 잘 산다는 것은 그런 것이다.

그러므로 물리적 겁박과 봉쇄로 '밥 같은 연대'를 막으려는 모든 시도는 이미 흘러넘치기 시작한 물을 다시 컵 속으로 주워 담으려는 행위만큼이나 어리석고 어림없는 일이다.

　세상의 모든 밥셔틀을 응원한다. 그대들, 세상 참 잘 사는 사람들입니다.

엄마에게도
엄마가 필요하다

우리나라 각 지자체에서 자살 예방 업무를 담당하고 있는 이들의 속
마음을 전해 듣다 보면 온몸이 밧줄에 옥죄이는 느낌이다. 현장에서
자살 시도자들을 만류하거나 자살과 관련한 응급 상담을 하는 게 주
요 업무인데 그들이 느끼는 고통은 직업적 애환을 훌쩍 넘어선다.

8년째 경제협력개발기구OECD 국가 중 자살률 1위라는 통계 숫자
도 버겁지만 거기에 죽음의 문턱까지 내몰린 이들의 극단적 심리 상
태가 겹쳐지면 상황이 어떨지는 안 봐도 뻔하다.

욕설을 듣고 머리채를 잡히는 정도는 기본이다. 흉기로 위협당하
고 '너 때문에 죽는다고 유서에 쓰고 죽겠다'는 앞뒤 없는 저주에 노
출되기도 한다. 죽음을 막지 못했다는 죄의식에 몸을 떨고 현장의 참
혹한 상황이 떠올라 악몽에 시달린다. 그래도 자살을 시도하는 사람
의 다급함만 하겠느냐고 윽박지르지 않는다면, 먼저 이들 담당자부

터 구해야 자살 예방이고 뭐고 할 게 아니냐고 말하고 싶은 정도다. 그런 상황에서도 직업적 책임감이나 소명의식만 강조되는 게 우리 현실이다.

미국 911 응급 콜센터에는 내부 직원들을 위한 심리안정실이 있다. 응급한 응대 전화로 불안정해진 직원들이 마음을 진정하는 곳이다. 그래도 안 되면 콜센터 직원들만 이용하는 24시간 상담센터가 있어 상담을 받을 수도 있다. 그건 이미 직원 복지의 문제가 아니다. 온갖 응급 상황에 제대로 대처하기 위한 하나의 온전한 시스템이다. 그래야 맞다.

하지만 우리에겐 그런 인식의 새싹조차 없다. 황무지다. 119 구조 대원이나 자살 예방 전문요원들이 사람이 아니고 역할 수행 기계인 것처럼 몰아붙인다. 사람에게 마음이 있고 한계가 있다는 걸 모르쇠 한다. 직무유기다.

체르노빌 핵발전소가 폭발했을 때 그곳에 투입된 수십만 명의 군 인들은 총과 수류탄 등으로 중무장했다. 그들이 그곳에 가서 한 일은 아무 보호 장비 없이 삽으로 핵을 떠내는 일이었다. 그들 중 대다수 는 방사능에 노출되어 사망하거나 후유증으로 자살했다. 개인의 보 호가 전제되지 않은 채 직업적 책임감을 강요하는 모든 행위는 무의 미한 삽질에 불과하다.

그런 점에서 서울시 힐링 프로젝트 '누구에게나 엄마가 필요하다'는 치유 프로그램은 의미심장하다. 이 프로그램은 전문가가 일반인을 보듬어주는 기존의 수직적 치유 프로그램이 아니다. 치유를 경험한 시민이 치유 활동가가 되어 다른 이들에게 치유를 경험하게 하는 치유 릴레이 방식으로 진행된다. 그런 과정이 무한 반복되는 프로그램이다.

내가 무슨 자격으로 누군가의 엄마가 되겠느냐는 망설임이나 두려움은 불필요하다. 엄마에게도 엄마가 필요하다는 것을 전제로 해서 출발하기 때문이다. 내게 필요한 '엄마성'을 누군가 내게 먼저 깊숙하게 느끼게 해주는 프로그램이기 때문이다. 엄마성을 느낀 시민들이 치유 활동가로 거듭나서 또 다른 이에게 엄마성 있는 존재가 되어주는 구조다.

그런 자기치유 과정을 끝낸 최초의 엄마 24명이 대기하고 있다. 이제 9월부터 씨앗 엄마 24명이 200명으로, 그 200명이 다시 2000명으로 민들레 씨처럼 퍼져나갈 것이다. 모든 사람이 서로 엄마성 있는 존재가 되어주는 일이 황당한 꿈일 리 없다. 서울시라는 한 지자체에서 실시하는 지역적인 프로그램에 그칠 리도 없다. 그곳에 참여한 24명의 씨앗 엄마들은 직장인, 주부, 아빠, 농부, 방송인, 요리사, 판사, 시인 등 우리의 평범한 이웃이기 때문이다. 서울을 씨앗 도시 삼아

서로 엄마성 있는 존재가 되는 날을 기원한다. 누구에게나 엄마가 필요하다는 사실을 제일 먼저 경험한 24명의 씨앗 엄마들에게 존경과 감사와 응원을 보낸다.

견딜 수 있고말고요

갈수록 가관이란 말은 이런 때 쓴다. 코레일 사장이란 이의 행태가 그렇다. '회초리를 든 어머니의 찢어지는 마음' 운운으로 단숨에 '올해의 역겨운 말' 1위에 등극하더니 여세를 몰아 어린 자녀를 포함한 조합원 가족에게 파업 중단 촉구 문자를 발송하는 파렴치한 신공까지 선보인다. '어머니'란 단어가 오물을 뒤집어썼다는 개탄과 '노동자가 니 새끼냐?'는 등의 힐난이 이어지지만 개의치 않는다. 외려 전국적 인물이 되었음을 한껏 이용하는 눈치다. '우리 국민들은 불법파업으로 안녕하지 못하다'는 대국민 호소문의 한 구절이 그 증거다. 3연타석 파울 홈런의 결정판이라 할 만하다. 폭발적인 대자보 '안녕들하십니까'의 패러디가 분명한데, 그 수준과 의도가 한심 무인지경이라 혀를 차게 된다. 무엇보다 내용이 전혀 공감되지 않는다.

파업에 대한 시민 반응의 측면에서 보면 이번 철도노조 파업*은 이전과 완전히 다르다. 혁명적 분기점에 가깝다. 이토록 광범위하게 많은 시민들이 파업을 지지한 기억이 없다. 민영화를 막기 위한 철도노조의 파업으로 안녕하지 못하다고 느끼는 사람보다 '불편해도 괜찮다'고 말하는 사람이 훨씬 많다. 대선 전부터 국민의 70%는 철도 민영화에 반대했으니 어찌 보면 당연한 결과다.

코레일에선 민영화가 아니라며 답답해하지만, 여론조사 결과 국민의 54.1%는 수서 발 케이티엑스가 철도 민영화로 가는 수순이라고 답했다. 민영화와 무관하다고 응답한 사람의 두 배가 넘는 수치다. 국회의원들은 무려 65%가 민영화의 과정이라고 답했다. 그러니 철도노조 파업이 '정부 발표를 신뢰하지 않고 국민경제에 피해를 주는 전혀 명분 없는 일'이라는 말이 와 닿을 리 없다.

일부 언론들은 늘 하던 대로 '국민의 발을 볼모로 한 노조 이기주의'를 앵무새처럼 되뇐다. 30년 전 기사나 지금이나 토씨 하나 다르지 않다. 파업하니까 불편하지 않느냐고 묻곤 관행적으로 '시민 불편' 프레임을 들이민다. 칼에 베었는데 아프지 않느냐고 묻는 격이

---

* 한국철도 노조가 2013년 12월 9일부터 12월 30일까지 22일간 벌인 파업. 수서~평택 간 고속철도를 운영하게 될 자회사인 수서고속철도주식회사 설립에 반발해 일어난 철도 민영화 반대 파업이다.

다. 상처 나면 아프고 밥 안 먹으면 배고프다. 누구나 그렇다. 그걸 뉴스라고 토끼몰이 하듯 보도하는 작태는 한심스럽다.

비행기에 탄 아기가 자지러지게 우는 상황에 함께 있을 때가 있다. 기압 차나 환기 문제 등에서 비롯하는 신체적 불균형 때문이다. 아기는 자기 불편함을 표현할 수단이 울음뿐이다. 그걸 알면서도 옆에 있다 보면 아기 울음 때문에 불편함과 짜증이 생길 수 있다. 그렇지만 어른이라면 당연히 견디거나 아기의 부모에게 도움을 주면서 함께 방법을 찾는다. 무릇 사람 사는 사회의 작동 원리가 그렇다.

세상에 아무에게도 불편을 주지 않는 파업은 존재하지 않는다. 불편한 게 당연하다. 대구의 한 지역에선 철도노조 파업을 지지하는 펼침막이 쉰 개 넘게 걸렸다. 온라인을 통해서도 수많은 시민들이 마음을 포갠다. '불편해도 괜찮아, 철도파업 이겨라' '나중에 닥칠 큰 곤란을 막기 위해 지금의 작은 불편을 기꺼이 참겠습니다'.

유럽 많은 나라에선 파업에 따른 불편을 민주시민으로서 당연하게 감수해야 할 비용으로 생각한다. 현대사회에선 국민 대다수가 노동자계층이므로 당연한 귀결이기도 하다.

이번 파업 기간 중 '열차가 제시간에 도착하지 못해 죄송합니다'란 안내방송을 듣던 한 시민이 했다는 혼잣말을 듣다가 목울대가 후끈했다.

"겨우 15분 늦었는걸요. 당신들의 파업을 응원합니다."

겨우 1시간, 겨우 4시간이라고 말하며 불편함을 감수할 수 있을 때 비로소 사람 사는 사회에 다가간다. 철도노조 조합원들을 응원한다. 걱정 마세요. 그까짓 불편함 견딜 수 있고말고요. 기꺼이.

심심해야
좋은 사회다

아내가 좋은 꿈을 꿨다며 로또 복권을 사자고 말했다. 내가 물었다.

"그러다 덜컥 1등에 당첨되면 어쩌려고?"

당첨금을 거의 전부 기부한 극소수를 제외하고 정상적인 삶을 유지한 사람이 없다는 국내외 로또 비화를 잘 아는 사람답게 전액 기부하겠다는 대답이 돌아왔다. 실제와 덕담을 반반씩 섞어 내가 다시 물었다.

"당신의 품성이나 운발로 본다면 1등 할 가능성이 높은데, 일상이 충만해서 더 바랄 게 없다고 입버릇처럼 말한 사람이 로또 복권을 샀다는 게 알려지면 좀 민망하지 않을까? 게다가 누군가 1등 할 기회를 뺏는 거잖아."

아내가 목련꽃처럼 흐드러지게 웃으며 고개를 끄덕이는 것으로 봄날 꿈 얘기는 막을 내리고 우리는 일상으로 돌아갔다.

일상은 날마다 반복되는 생활이다. 새로울 것도 없고 어떤 면에선 지루하기까지 하다. 하지만 예기치 않은 일로 일상성이 파괴되거나 흐트러지면 아무도 견뎌내지 못한다. 일상성의 확보는 삶을 위한 최소한의 생존조건이기 때문이다. 어떤 부자들은 매일 로또 1등에 당첨되는 정도로 소득이 늘어난다. 그렇다고 그들의 삶이 매일 행운이고 매일 행복하다고 믿는 사람은 아무도 없다. 집이 크다고 슬픔을 위로받을 수 있는 것도 아니고, 제일 비싼 차를 탄다고 아플 때 고통이 사라지는 것도 아니다. 돈이 많아지면 일상성이 파괴되는 경우가 더 많다. 돈으로 살 수 있는 건 자극뿐이라 그렇다. 일상성을 돈으로 살 수는 없다.

치유의 핵심을 간단하게 정의하면 일상성의 복원이다. 부당해고를 당한 해고자들이 몇 년씩 한뎃잠을 자면서 얻고자 하는 것은 예전의 평범한 일상이다. 퇴근길에 동료들과 삼겹살을 구우며 일상의 고단함을 털어내던 시간, 아이를 목말 태우고 봄꽃을 보여주던 순간, 그런 일상의 시간으로 돌아가겠다는 것이다. 그게 일생에서 가장 행복한 순간이라서가 아니다. 그런 일상성이 확보돼야 다음 수순의 삶을 생각해볼 수 있어서다.

이 나라의 정치와 정책뿐 아니라 우리의 인식마저 지나치게 이벤트적이고 기념비적이다. 결혼 후에도 매일처럼 자동차 트렁크에서 풍선 나오는 이벤트를 해줘야 여자가 만족한다고 생각하는 남편이 차고 넘친다. 강바닥을 파내고 '어마무시한' 건물을 지어야 업적이 있는 것처럼 생각하는 근시안적인 정책결정자 같다. 하지만 일상의 영역에선 많은 경우 무언가를 하지 않는 결정이 가장 잘한 결정이다.

송파 세 모녀처럼 그렇게 삶을 마감하면 안 되는 자살자만 한 해 1만 5000여 명이다. 청소년이 느끼는 주관적 행복지수는 오이시디 국가 중 꼴찌다. 각개약진해서 운 좋아야 겨우 살아남는 구조가 일상화된 사회다. 그런 상황임에도 복지정책의 중요성을 얘기하면 종북이라 매도하고 그러다 북유럽처럼 심심한 사회가 되면 사는 재미가 없어진다고 훈계질한다. 기아선상에 있는 이들이 비만자의 당뇨병을 걱정하는 격이다.

어제 속마음 버스 개통식이 있었다. 서울시 힐링 프로젝트의 하나로 정혜신 같은 치유자들의 내공과 임상 경험이 오롯이 담긴 버스다. 평소에 꼭 말하고 싶었지만 그러지 못했던 이들(부부, 연인, 부모자식, 이웃, 동료, 친구 등)과 동승해서 속마음을 주고받을 수 있도록 심리적 설계가 되어 있는 버스다. 이제부터 매일 저녁 그 버스가 누군가의 속마음을 싣고 반딧불이처럼 서울 시내를 돌아다닌다.

누군가와 속마음을 주고받는다는 건 일상의 관계를 지속하는 가장 중요한 일이다. 속마음을 나누다 보면 내가 누군가에게 로또였다는 사실을 알게 되기도 한다. 그런 순간의 희열은 로또 1등 당첨보다 더한 축복이다. 경험 못해 봤으면 말을 하지 마라. 대박은 그런 때 쓰는 말이다. 심심한 사회, 평범한 일상성이 확보되는 곳에서만 가능한 일들이다.

심장을 멈추고
어떻게 사나

'긴 병에 효자 없다'며 이제 그만 세월호 악몽을 털어 버리고 일상으로 돌아가잔다. 그럴듯한 말이지만 이런 땐 말이 아니라 막걸리다. 아직 병치레를 시작도 안 했다. 피를 철철 흘리는 상황에서도 자리에 눕지조차 못한 이들에게 무슨 긴 병 운운인가. 세월호 피로감이 적지 않다며 '이쯤 됐으면 잊자'고도 한다. 내겐 발목을 적시는 불편함에 불과한 물이 누군가에겐 턱밑을 치받는 물이라면 내 불편함 정도는 견뎌주는 게 사람이다. 그래야 내 턱밑까지 물이 찼을 때 누군가 자신의 피로감을 무릅쓰고 나를 구해준다. 그러라고 사람은 함께 사는 것이다.

망자와 가족들에게 모든 죽음은 개별적이다. 그 공포와 슬픔을 아무도 대신할 수 없다. 세월호 참사가 단순한 교통사고라거나 '하늘 아래 제 자식만 죽었냐'고 막말을 퍼붓는 이들에게 '당신 자식이 학

살당하듯 수장되는 광경을 눈앞에서 봤어도 그렇게 말할 수 있느냐'
고 대응해야 하는 현실은 아득하고 끔찍하다. 이 정도로 공감이 안
되는 사회의 구성원이라는 사실이 아득하고, 내가 그런 일을 당했을
때 감당해야 할 고통의 몫을 생각하면 끔찍하다.

3층에 있던 아이가 5층 객실에서 주검으로 발견되었다. 공포와 두
려움에 휩싸여 손톱이 빠지도록 5층까지 올랐을 열일곱 살 아이의
마지막 순간을 부모가 어떻게 잊나. 엄마 꿈에 나타난 아이가 배고프
다고 말했단다. 그 말을 듣고 걱정하던 엄마들이 우연하게 그날 함께
있던 아이들이 아침을 먹었다는 사실을 알고 배고프지는 않아서 다
행이라며 오랜만에 웃었다고 했다. 지금은 그게 부모들의 일상이다.
실종된 가족까지 한자리에 넣은 가족 그림을 그려주는 초상화가에게
부모는 한여름인데도 털모자와 파카를 입은 사진을 건넸다. 바닷속
에서 추울까 봐. 그러지 말라고 인위적으로 강요하고 결심하면 그런
마음이 끊어지나.

광주항쟁 당시 거리로 나가겠다는 고등학생 아들을 말리던 아버지
는 따귀를 때렸다고 했다. 그런데 그게 아이와 마지막이 되었다. 30
년이 넘었지만 아비는 아직도 그게 어제 일처럼 마음에 걸린다고 통
곡한다. 아이들은 수학여행을 가다가 자기가 왜 죽는지도 모른 채 갑
자기 세상과 결별했다. 명백한 의문사다. 부모들은 아이들이 왜 죽었

는지 그걸 알아야겠다는 것이다. 그래서 아이에게 그 이유를 알려줘야 한다는 것이다. 부모로서 해야 할 최소한의 도리고 본능이다.

괴롭지만, 다시 묻자. 자식이 당신 눈앞에서 죽었다. 이유를 알고 싶다 했더니, 그렇게 계속 따져 물으면 주위 사람도 피곤하고 경제도 어려워진다며 그만하자고 하면, 당신은 아이를 잊고 일상으로 돌아갈 수 있나. 정상적인 부모라면, 마음이 있는 사람이라면 아무도 그렇게 할 수 없다. 그럼에도 그런 요구를 하는 이들은 무지한 동시에 잔인하다.

만삭의 임신부가 자는 모습을 보면서 김상숙 시인이 부모자식이 무엇인지 다시 알려주었다. 배를 둥글게 감싸고 바다를 항해 중이다.

둘이 한배를 탔다는 게
이 배의 동력이다
사십 주야 폭풍우 그치면
태양의 띠를 두르고 나올 깨끗한 울음

부모와 한배를 탔던 깨끗한 울음이 지상에서 영원히 사라졌다. 세상에서 가장 강력한 동력이 끊겼다. 그 이유를 알아야 이별의 준비라도 해볼 수 있다. 그렇게 한배 탔던 자식을 잃은 부모의 간절함을 이길 수 있는 방법은 없다. 치밀한 여론전이나 회유, 겁박으로 해결될 일이 아니다. 중력을 거스르는 것처럼 어리석은 일이다. 심장을 잠시 멈추라는 요구처럼 가당치 않은 요구다.

세월호 유가족들의 슬픔과 고통에 제대로 집중해 달라. 사람의 사회와 짐승의 사회를 가르는 분기점이 그 안에 있다고 나는 느낀다.

어떤 생일

생일은 세상에 태어난 날이다. 세상과 이별하면 생일은 사라진다고 하지만 아이 잃은 엄마들에겐 예외다. 탯줄을 자르며 처음 만났던 아이가 눈앞에 보이지 않아도 엄마는 아이와 심리적 탯줄이 끊어지지 않는다. 세월호 참사로 아이와 이별했다지만, 아이가 세상에 없다고 생각하는 엄마는 없다. 다른 형태로 다른 차원으로 반드시 세상 어딘가에 존재한다고 믿는다. 엄마가 여기 있어서다. 0.5초 만에 눈물을 쏟게 하는 것도 아이 얘기고, 부모를 생기 있게 만드는 것도 아이 얘기다. 아이 잃은 부모에게 아이는 고통의 원천인 동시에 삶의 원천이다.

아이의 생일은 부모의 고통과 기쁨이 최대치로 올라오는 순간이다. 아이의 존재를 확신하면서도 타인과 세상으로부터 아이의 죽음과 부재를 수시로 확인받는 절망 속에서 생일상은 무슨 의미가 있는 것일까. 아이의 생일은 단순한 이벤트가 아니라 치유적 개입이 필요한 중요한 지점이다. 아이의 생일 모임이 치유적으로 진행되면 두렵고 버거운 숙제가 아이를 생생하게 느끼는 선물이 된다.

'치유공간 이웃'에선 한 달에 몇 번, 이젠 별이 된 아이들의 생일 모임을 갖는다. 몇 주에 걸쳐 아이의 형제와 친구들을 만나 얘기를 나누고 편지를 쓴다. 아이가 좋아하는 음식을 중심으로 생일상을 준비하고 아이의 사진, 공책, 선물, 풍선 등으로 생일 분위기도 낸다. 갓난아기 적부터 찍은 사진으로 영상앨범도 제작한다. 그 몇 주 동안 시인은 아이에게 집중해 아이의 육성인 듯한 생일시를 써 내려간다.

그렇게 아이를 잘 아는 이들이 모여서 함께 그리워하고 기억을 공유하다 보면 부모는 사람들 안에 생생하게 살아 있는 아이를 느낄 수 있다.

'우리 아이가 잊히지 않고 사람들과 함께하고 있구나. 너무 짧아서 무의미하게 끝난 거였을까 봐 안타까웠는데 그러지 않았구나.'

위로받고 안도한다. 엄마들에겐 아이가 '엄마, 나 잘 있어'라는 말을 한번만 해주면 아무것도 바라지 않겠다는 소원이 있다. 그걸 생일 모임에서 다른 사람을 통해서 느끼면 또 얼마간 견딜 수 있다.

세월호 참사엔 두 개의 트랙이 있다. 하나는 철저한 진상규명에 대한 것으로 정치사회적 맥락에서 접근이다. 하지만 그 못지않게 중요한 게 심리치유적 맥락에서 세월호 참사에 접근하는 관점이다. 그게 있어야 제대로 진상이 규명될 때까지 고꾸라지지 않고 갈 수 있다. 전투로 치면 보급부대나 야전병원쯤의 역할이다. 심리치유적 관점에서 가장 중요한 문제는 부모들이 온전히 아이에게 집중할 수 있게 해주는 것이다. 부모들은 그동안 아이와 낭떠러지 같은 이별과 슬픔에 제대로 집중하지 못했다. 진상규명을 위해 거리로 내몰렸고 막말에 대응해야 했다. 부모들에게 아이를 느낄 수 있게 해줘야 한다. 그래야 진상규명의 먼 길을 가기 위한 힘도 생긴다.

아이가 사라진 부모들에게 아이가 학원에서 돌아올 시간에 현관문을 열지 않고 버티는 일은 투쟁에 가깝다. 자식이 하나뿐인 부모가 그 자식을 잃고 '왜 살아야 하나. 어떻게 사나'에 대해서 답을 내는 일은 죽음에 가까운 고통이다. 그런 때 함께 해주는 일이 치유다. '이웃'에서 생일 모임을 하는 건 그런 치유의 극히 일부분이다.

지금 안산에서는 그런 일을 하고 있는 사회복지사, 자원봉사자들, 작가들, 심리치유자들이 물에 잠긴 세월호 유가족들의 손을 필사적으로 맞잡고 있다. 가족들이 더 이상 물속에 가라앉지 않도록 같이 물에 잠겨서 사투를 벌이고 있다. 표도 안 나고 얼핏 한가해 보일 수 있는 일이지만 그러고 있다는 사실만이라도 꼭 기억해주기 바란다.

그것이 이 거대한 슬픔과 고통의 시간을 그나마 견뎌낼 수 있는 최소한의 동참이다.

그것으로
충분하다

'당황하지 않고 빡! 끝!'이라는 대사로 폭발적인 인기를 끈 개그 코너가 있었다. 하지만 상황이 거기서 끝나는 경우는 한 번도 없다. 늘 그 말을 내뱉은 '허당' 조폭의 비참으로 끝을 맺는다. 이유는 단 한 가지. 싸움을 몸이 아니라 책으로 배워서 그렇다.

살다 보면 실천이 중요한 순간에 이론을 앞세워 낭패를 보는 경우가 비일비재하다. 한때 육아백과사전을 두 번만 완독하면 아이를 잘 키울 수 있다며 직원들을 닦달하신 재벌 회장님도 계셨다. 실화지만 그게 얼마나 코미디였는지 이젠 모두 안다. 키가 180cm 이하인 남자는 연애 상대가 아니라거나, 여행을 좋아하지 않는 사람과는 결혼하지 않겠다는 젊은 시절의 다짐도 말만으로 그치는 경우가 많다. 사람 사이에서는 그런 조건이나 다짐을 무기력하게 만드는 숱한 화학작용이 있어서 그렇다.

누군가를 돕는 현장에서도 그런 현상은 예외가 없다. 요즘은 힘든 일이 있거나 기쁜 일이 있어도 마음 놓고 그런 표시를 못 하겠다는 푸념이 많다. 봄 소풍 떠난 아이들이 수장되는 광경을 눈앞에서 지켜봤던 부모들의 억울한 울음이 그치지 않았고, 이 추위에 70m 굴뚝에 오른 해고노동자가 있고, 송전탑 밑에서 목에 쇠사슬을 감고 있는 할머니들을 생각하면 먹는 것도, 즐거운 영화를 보는 것도, 어떤 땐 따뜻한 실내공간조차 불편하다는 것이다. 애초부터 그런 일에 관심조차 없는 삶이 아니라면 당연한 반응이다. 제대로 살기 위해서 감수해야 할 건강한 불편함이다.

하지만 눈물 흘리는 이들과 함께 현장에서 비를 맞고, 밥을 해 먹이고, 마음을 포개는 이들은 그렇지 않은 사람들보다 더 안절부절못한다. 몇 가지 이유에서다.

"내가 할 수 있는 게 이것밖에 없다. 내가 누굴 도울 자격이 있는가, 나는 그렇게 착한 사람이 아닌데. 고통스러운 현장에 왔다가 내가 더 위로를 받고 가는 때가 있는데 그래도 되나? 내가 이기적인 건 아닌가?"

이론적으로만 맞는 말이다. 실제는 전혀 다르다.

고작 사흘 진도체육관에서 화장실 청소를 했을 뿐이지만, 그걸 보고 어느 유가족 아빠가 얼마나 살 힘을 얻었는지 몰라서 그렇다. 난로 곁에서 그저 굴뚝만 올려보다가 돌아갔을 뿐이지만, 그게 굴뚝 위에 있는 중년 사내 둘에게 밤새 추위를 견디게 하는, 얼마나 뜨거운 난로가 되었는지 몰라서 그렇다.

꼭 무언가를 해야 도움이 된다고 생각하지만 실제론 그렇지 않다. 때론 모르는 척 가만히 함께 있어주기만 해도 위로가 된다. 힘이 된다. 사람 마음이 그렇다. 거대한 슬픔과 고통의 현장에는 자기가 가진 자격증으로 뭘 해주겠다고 나서는 이들이 적지 않다. 경험에 의하면 그런 이들은 별 도움이 안 된다. 그들은 고통 그 자체보다 자기 자격증의 효용성에 더 주목하고 자격증만큼 대접받으려 한다. 외려 내가 도울 자격이 있을까요, 주춤거리고 미안해하는 이들이 결정적인 도움을 준다. 끝까지.

폭우처럼 눈물 흘리는 이들 곁에서 어떻게 그들을 도와야 할지 막막하고 무기력할 땐 '지금 내가 할 수 있는 게 이것밖에 없다'는 바로 그것을 하면 된다. 그것이 눈물이든 기도든 약간의 핫팩이든. 그러다가 너무 힘들고 고통스러우면 잠깐 뒤로 빠져 있다가 다시 오면 된다. 초지일관해야 자격이 있는 거 아니다. 오랫동안 2진에 있다가 지금 맨 앞에서 몸을 보태고 마음을 포개는 이들을 나는 많이 알고 있다. 그들이 지치면 뒤로 물러나 있던 당신이 다시 앞으로 오면 된다. 그런 순간에 내가 1진으로 나오지 않고 미적거릴까 봐 미리 걱정할 필요가 없다. 이론적인 걱정에 불과하다. 그런 건강한 불안을 가진 것으로 충분하다.

지금 눈물 흘리는 누군가의 손을 잡고 담요를 덮어주고 기도를 하는 모든 이들, 그것으로 충분하다. 그대들의 축복받은 삶에 응원과 존경을 보낸다.

분노

지금 대한민국은 국가가, 자본이 분노유발자다.
분노하지 않을 수 없으므로 분노한다.
분노하고 항의하는 것은 공화국 시민의 권리이자 의무이다.
저들의 만행과 속박은 국민이 원하는 게 아니다.
모든 권력은 국민에게서 나온다.

생과 사,
그리고 외교부

최근 이집트, 리비아 사태* 등에서 그곳에 있는 우리 국민들의 안전을 위해 대한민국 외교통상부가 취한 일련의 대응조처들을 목격하는 일은 더없이 착잡하다.

옆집 살던 다른 나라의 이웃들은 이미 자기 정부의 주선으로 빠져나간 지 오래인데 시위 현장 근처의 빈집에서, 피난길의 국경에서, 북새통을 이룬 공항에서 생명의 위기감을 호소하고 안전대책을 갈구하는 우리 국민들의 다급한 육성들은 햇빛 앞에 노출된 안개처럼 반향 없이 스러져 버렸다. 전혀 낯설지 않은 상황이다. 재외국민 보호와 관련된 대한민국의 외교적 대응은 늘 그래 왔다는 느낌 때문이다. 가깝게는 온두라스에서 살인 누명을 쓰고 억울하게 옥살이를 하다

---

* 2010년 말 튀니지에서 시작된 재스민 혁명으로 촉발된 북부 아프리카의 민주화운동의 하나로 리비아, 이집트 등까지 확산. 반군과 정부군의 내전으로 이 지역에 진출해있던 국내 기업 종사자 등 교민들의 안전문제를 지적한 것이다. 이 지역은 현재도 치안이 불안정하다.

무죄 선고를 받고 석방된 한지수씨 사건을 비롯해 숱하다. 2004년 김선일씨 피살 사건 때까지 거슬러 올라가면 외교부의 그 초지일관하고 무정한 대응 방법에 억장이 무너질 정도다.

그런 비상상황이 닥쳤을 때 대한민국 외교부가 쏟아내는 멘트는 늘 똑같다. 선진국에 비해 예산도 적고 손도 달린다는 것이다. 밤새워 노력하지만 다른 나라에 비해 외교 인력이 적으니 너희들이 이해해야 한다는 식이다. 재난 현장에 투입된 119 구조대원들이 밤샘 근무의 피곤함을 이유로 구조를 미루면 어찌해야 하는가. 긴급한 비행 사고 현장에서 승무원들이 자신의 봉급체계나 개인 컨디션을 이유로 승객의 안전을 뒷전으로 미루는 경우는 한 번도 본 적이 없다.

외교통상부의 1년 예산 1조 5000억 원 중 재외국민 보호 관련 예산은 극히 일부에 지나지 않는다. 하지만 예산 규모가 작다고 관심이나 중요성조차 미미해도 된다는 뜻은 당연히 아니다. 해외에서 뜻하지 않은 사고를 당한 국민들의 다급함은 늘 생사를 다툴 만큼 결정적인 경우가 대부분이기 때문이다.

외무고시는 고시계의 꽃으로 불릴 만큼 최정예 엘리트를 선발하는 것으로 유명하다. 그렇게 선발, 육성된 외교관들 스스로 제일 중요하게 꼽는 능력은 조국애와 인류애다. 하지만 순혈주의로 상징되는 자폐적 내부소통이 관성으로 굳어진 탓에 국민의 생명을 보호하는 일처럼 외교관들이 최우선적으로 고려해야 할 일에 대한 개념은 거의 상실된 상태다. 국민들 눈에는 그렇게 비친다. 과자를 만드는 회사 직원이 고객보다 자기네 회장님 입맛에만 맞추는 식의 내부소통에 치중하다 보면 결국 그 회사는 망한다.

온두라스의 악몽*을 경험한 한지수씨의 증언은 생생하다. 우리나라 외교관들이 일을 처리하는 방식은 '무엇을 도와줄까가 아니라 일이 어떻게 진행되고 있는가'에 포커스가 맞춰진 느낌이었단다. 곤경에 빠진 국민을 어떻게 도와줄 것인가 하는 마음보다 특정 사건을 깔끔하게 정리해서 상부에 보고하기 위한 사실관계 규명에 더 매달린다는 얘기다.

외교통상부 누리집(홈페이지)에는 '언론해명자료'라는 코너가 있다. 언론에 보도된 외교부 관련 업무에 대해 '사실과 다른 점이 있어 알려드립니다'라는 문장으로 시작하는 자료다. 외교부가 일은 잘하는데 제대로 알려지지 않아서 억울한 오해를 많이 받으니 그것을 해명하자는 취지다.

하지만 아수라장 같은 리비아 현장에서 버림받은 자식들처럼 정부

---

* 2009년 살인누명을 쓰고 온두라스에서 체포돼 한동안 실종상태였던 스킨스쿠버 강사 한지수 사건을 말한다. 15개월간 살인죄로 복역하는 동안 정부는 손 놓고 있었고 누리꾼과 기자, 일부 정치인들이 나서서 구명활동을 펼쳐, 결국 무죄로 석방됐으나 한지수는 "하나도 기쁘지 않다. 내가 고통 받을 때 대한민국은 없었다."라고 말했다.

로부터 어떤 도움도 기대하지 못한 채 '자력으로 탈출할 수밖에 없겠구나' 하는 절망감에 빠졌던 이들의 심정은 해명자료로 상쇄되지 않는다. 카이로 공항에서 자국민을 위해 국기를 달고 보호구역을 만드는 다른 나라 외교관을 보며 자괴감과 허탈감을 느꼈던 이들에게는 조금도 와 닿지 않는 접근방법이다.

한지수씨 사건에서 수많은 누리꾼들이 오랜 시간 포기하지 않고 그녀의 안전을 위해 소식을 퍼나르고 대책을 촉구했던 이유는 간단하다. 언제든 나도 겪을 수 있는 위험이라고 생각했기 때문이다. 국민의 가장 기본적인 안전욕구조차 위협받는 상황에서 외교관의 남다른 조국애와 인류애에 대한 자부심을 거론하는 일은, 사치이거나 사기이다. 최소한도의 직업의식이 있는 외교관이라면 금방 수긍할 수 있는 얘기일 것이다.

엠비시는
무엇으로 사는가

한국 사람들이 나쁜 감정 중 가장 강한 단어 1위로 꼽은 말은 '참담하다'이다. 끔찍하고 절망적인 감정이다. 참담하다는 말이 나오면 그것이 무엇이든 최악의 상황이라고 봐도 무방하다. 그런 점에서 현재 지상파 방송의 보도 행태를 '참담함을 더 이상 견딜 수 없는 상황'으로 규정하는 방송사 내부 구성원들의 고해성사 같은 고백은 걱정스럽다.

우리나라 언론 종사자들은 제3자 효과 이론의 맹신자들이다. 나는 괜찮은데 시청자들 때문에 걱정이라는 투다. 자신은 왜곡된 보도를 직접 하거나 보아도 그것을 인식할 수 있는 분별력이 있지만 시청자들은 그 보도 때문에 잘못된 판단을 할 것이라고 생각한다. 계몽질과 훈계질을 동반하는 막말 방송이 일상화될 수밖에 없다. 근자에 많은 국민들은 '왜곡 언론인 출연 금지법'을 만들고 싶을 만큼 공중파의 노동 관련 보도 태도에 분노하고 고민한다. 하지만 언론권력자들에게는 방송을 보는 시청자의 판단이나 개별성은 안중에 없다.

한진중공업 김진숙씨를 응원하러 갔다가 경찰에 연행됐던 대표적 소셜테이너 김여진씨는 경찰이 스마트폰부터 압수하려 했다고 말한다. 35m 크레인 위에서 농성 중인 김진숙씨에게 전달하는 식사는 회사 쪽에서 매번 금속탐지기로 검사하고 일일이 촬영한다. 스마트폰 배터리를 전달하지 못하게 하기 위해서다. 그녀들이 스마트폰을 통해 교감하고 다른 사람들을 선동할까봐 걱정돼 국가 공권력과 자본 권력이 벌이는 싸구려 코미디다. 권력자들은 누군가의 고통과 억울함에 공감하는 대다수 사람들을 크레인 밑에서 그녀들의 지시를 기다리는 하수인쯤으로 생각한다. 그런 지시만 없으면 아무 일도 없을 거라 믿는 눈치다. 착각이다. 스마트폰으로 소통하지 못한다고, 방송에서 말간 얼굴만 보인다고 사람들의 생각과 공감이 사라지는가.

지상파 방송의 극단적 편파보도는 도를 넘어섰다. 공정성이나 공영방송 시스템이 무너진 지 이미 오래다. 한 시사피디는 자사뉴스를 5공 시절의 땡전뉴스로 비유했다고 회사로부터 징계를 당했다. 사회적 이슈에 대한 기본적인 비판과 전달기능조차 외면한 채 권력 편향적인 보도를 일삼는다는 평가가 주를 이룬다. 시민들의 정서나 관심과는 아랑곳없는 동떨어진 보도로 방송시간을 채우는 일이 거의 일상사에 가깝다.

한미에프티에이 반대집회에서 시민들이 물대포를 맞고 있는데 9시

뉴스의 첫 꼭지는 한파주의보 소식과 함께 스키장 시즌이 개막됐다는 내용이다. 물론 집회 소식은 단 한 줄도 방송하지 않는다. 동네 친목계원들의 모임이라도 이런 정도의 살인적인 물벼락을 맞았다면 단신 뉴스에는 등장했을 것이다. 제야의 타종 행사도 근처에서 반정부 구호를 외치는 시민들이 사회불안을 조장할 수 있다는 이유로 중계를 생략한다. 야당의 대표 경선 중계를 안 하는 이유는 '중계방송 안 봐도 인터넷 보고 다 알 수 있는데 뭘'이다. 그러는 와중에도 자사의 이익을 챙기는 미디어렙법 통과나 수신료 인상에는 물불을 가리지 않는다. 염치라는 게 애초에 없다.

그중에서도 엠비시 수뇌부의 후안무치나 무개념은 참담한 수준이다. 엠비시 기자들이 전례 없이 극심한 편파보도의 책임을 물어 보도책임자 사퇴를 촉구하는 침묵시위를 하고 있다. 불신임 찬성률이 90%에 가깝지만 사장과 보도책임자들은 올해부터 보도 부문에 유례 없이 큰 지원을 할 것이라고 천연덕스럽게 당근을 내민다. 자사의 기자들이 각종 시위 현장에서 시민들에게 내쫓기거나 심지어 두들겨 맞는 일이 발생하는 심각한 상황인데도 그렇다. 재보선 보도, 반값등록금 집회, 장관인사청문회, 내곡동 사저 의혹 등 민감한 이슈가 생길 때마다 엠비시 뉴스가 한쪽으로 기울거나 누락되는 일이 빈번하게 발생했는데도 회사 쪽은 그걸 뉴스의 가치에 대한 시각차에서 빚

어진 일이라고 강변한다. 올해 엠비시의 구호가 '통 엠비시 통통 대한민국'으로, 소통이 제1의 목표라는데 소통의 감이 없어도 이렇게 없을 수가 없다.

게다가 엠비시는 자사 진행자 및 고정출연자가 사회적 현안에 대해 발언할 경우 출연을 금지하도록 하는 이른바 '소셜테이너 출연 금지법'까지 만든 적이 있다. 계속 회사를 다니거나 고정출연하려면 방송에서는 물론 방송 이외의 장소에서도 사회적 쟁점에 대한 의견을 밝혀서는 안 된다는 것이다. 엠비시에 고정출연하려면 생각 자체를 그들의 뜻에 맞게 표백하라는 압박이다. 사람들과 소통하기 위해 존재하는 대표적 집단인 언론사가 표현의 자유에 재갈을 물리는 것은 공기가 무진장으로 많은 곳에서 산소 호흡기를 착용하고 숨 쉬라는 것과 다르지 않다. 안팎으로 최악이다.

권력이 언론을 순치시키기 위한 집요함과 무자비함과 교활함은 예나 지금이나 똑같다. 그런 순간 제도보다 중요한 것은 기자들의 철학과 태도라고 나는 생각한다. 무한경쟁을 뚫고 방송사라는 좋은 직장에 들어온 기자들에게 언론인으로서 지사적 태도까지 요구하기는 힘든 시대다. 하지만 적어도 직업인으로서 최소한의 윤리의식, 시청자에 대한 작은 예의 정도를 지켜줄 수 있다면 언론사로서 끝 간 데 없는 몰락은 막을 수 있을 것이다.

몰락의 참담함에서 벗어나기 위해 안간힘을 쓰고 있는 구성원들이 있는 한 엠비시는 무너지지 않을 것이다. 기자라면 누구나 한 번씩은 화두로 삼는다는 '기자는 무엇으로 사는가'라는 질문을 엠비시에게 던진다. 엠비시는 무엇으로 사는가. 엠비시 뉴스가 참담함에서 벗어나 좋은 감정의 최고 단어인 홀가분한 상태에 이르도록 힘을 모으고 있는 엠비시 젊은 기자들, 그대들을 응원합니다. 끝까지 강건하시길.

조남호

한여름, 고공 크레인 위에서 농성은 지옥의 생활과 같단다. 프라이팬처럼 달궈진 쇳덩이가 주거 공간이란 걸 생각하면 과장된 비유가 아니다. 김진숙씨는 그런 크레인 위에서 202일째 시위중이다. 그 10여 미터 아래 난간에서는 그녀를 지키는 50대 노동자 4명이 30일째 노숙중이다. 부당한 정리해고를 철회하라는 것이다.

한진중공업 사태는 회사 쪽의 무책임하고 부도덕한 정리해고에서 비롯됐다는 것이 정설에 가깝다. 부산 영도구가 지역구인 한나라당 의원은 이번 사태의 원인을 '사주의 부도덕하고 방만한 경영' 때문이라고 지적했으며, 국무총리는 '174억 원이 넘는 배당금을 나눠 가지는 회사에서 정리해고를 하는 건 말이 안 된다'고 질타했다.

그러니 일반 시민들이 해고노동자들의 딱한 처지에 공감하고 분노하며 힘을 보태는 건 당연하다. 가족·연인·친구와 함께 희망버스를 타고 영도조선소를 다녀온 시민들만 1만 명이 훨씬 넘는다. 이번 주말 세 번째 희망버스가 전국 각지에서 부산으로 다시 출발한다.

매일 저녁 조선소 앞에서는 5호 크레인을 위한 길거리 미사가 열리고 일부는 촛불을 밝힌 채 밤샘 노숙으로 마음을 포갠다. 주말마다 그곳을 찾아 108배를 하는 이들도 있고 어떤 이는 크레인을 올려다보며 몇 시간씩 화살기도를 쏘아 올린다. 서울 한진중공업 본사 앞에서는 24시간 내내 릴레이 1인 시위가 계속되고 시청 앞에서는 무기한 단식농성이 진행 중이다.

쌍용차 해고노동자들은 부산까지 천릿길을 다리를 절뚝이며 걸었고, 한진중공업 노동자들은 자전거를 타고 폭염 속을 내달리며 희망의 불씨가 꺼지지 않았음을 알린다. 어느 하나 초인적이지 않은 일이 없다.

하지만 반년 넘게 한진중공업 사측의 태도는 요지부동이다. 불가사의할 정도다. 사측이라고 표현했지만 정확하게 말하면 한진중공업 회장 조남호의 오만방자한 태도가 그 핵심이다. 온 나라가 들썩일 정도로 많은 사람들이 한진 사태에 대해 분노와 간절함을 전달하지만 '너희는 짖어라. 내 알 바 아니다'로 일관한다. 지난달 국회 출석을 앞두고 출국해서는 한 달 넘게 돌아오지 않고 있다.

아무리 자본독재 시대라지만, 일개 기업의 회장 따위가 온 나라를 상대로 이래도 되나 싶은 마음이 절로 생긴다. 그 많은 이들이 단식하고, 천릿길 걷고, 삼보일배 하는 게 조남호 일인의 마음을 돌려놓기 위해서라는 데 생각이 미치면 자존심이 상하기까지 한다.

게다가 회장의 측근들은 용의 목덜미에 거꾸로 난 비늘을 건드리면 반드시 죽음을 당한다는 역린의 전설까지 신봉하는 듯하다. 한진중공업 내부에서 85호 크레인은 회장의 역린인가 보다. 그럴 경우 아랫사람 입장에서는 입도 뻥긋할 수 없는 문제가 된다. 회장님의 역린을 건드리지 않기 위해서 온 국민을 대상으로 전쟁이라도 불사할 태세다.

해고노동자 김진숙에게도 초지일관한 역린이 하나 있다. 노동자를, 사람을 함부로 대하는 문제가 바로 그것이다. 그녀가 지옥 같은 크레인 위에서 반년 넘게 버티고 있는 것도 그런 역린을 건드렸기 때문이다. 그것은 그대로 공화국 시민들의 역린이기도 하다. 권력자의 역린이 그런 것처럼, 김진숙이나 공화국 시민 된 모든 이들은 사람을 함부로 하는 집단에는 화산처럼 폭발한다. 내 문제이기 때문이다. 그건 개인의 콤플렉스를 전근대적 방법으로 표출하는 권력자의 역린과는 차원이 다르다. 민중의 역린을 건드려서 생긴 폭발에서 살아남은 자는 단연코, 없다. 사람을 함부로 대하는 권력자들은 반드시 혹독한 대가를 치르게 된다. 한진중공업 회장 조남호에게 꼭 들려주고 싶은 말이다.

용역의 나라,
안 된다

뒷골목 우스개에 따르면, 교수나 연예인은 무엇이든 할 수 있다. 코끼리를 냉장고에 넣는 것쯤은 일도 아니다. 어떤 일이든 조교나 매니저를 시키면 되기 때문이란다. 하지만 현재 대한민국에서 용역이란 이름의 직종은 이 둘을 합쳐놓은 것보다 더 막강하고 전방위적이다.

　노사분규나 재개발 현장에 용역이 동원되지 않는 곳이 없고 문제를 일으키지 않는 곳도 없다. 기업뿐 아니라 지방자치단체도 거리낌 없이 용역을 동원해 새벽에 해머로 사람이 기거하는 안방 벽을 때려 부순다. 가히 용역천하라 할 만하다. 부산의 한진중공업, 아산의 유성기업, 강남구 포이동 재건마을, 명동 '카페 마리' 등 활동 반경도 전국구다. 용역이 동원되는 곳엔 무자비한 폭력과 욕설, 공포와 아득함이 세트메뉴처럼 뒤따른다.
　온몸에 문신을 한 덩치들이 웃통을 벗어젖힌 채 욕설을 퍼부으며 사람들의 머리를 겨냥해 각목을 휘두른다. 젊은 여성의 머리채를 움켜잡아 바닥에 내리꽂은 다음 발로 밟고, 한 대학생의 얼굴을 주먹으로 정확하게 가격한다. 그러면서도 짐짓 말리는 경찰에게 팔이 잡혀 마음껏 폭력을 행사하지 못해 속이 터진다는 듯 '우리를 가로막는 사람들 때문에 자극받는다'며 짐승처럼 포효한다. 노사분규의 현장에서 용역이 휘두른 쇠파이프나 소화기에 맞아 두개골이 함몰되거나 광대뼈가 내려앉은 이들이 부지기수인데도 그렇다. 한번이라도 그 현장을 목격한 사람들은 왜 '용역깡패'란 말이 하나의 고유명사로 통용되는지 소름끼치게 실감할 수 있다.

불가능 임무를 수행하는 특수 용역팀에게 전달되는 드라마 〈제5전선〉의 마지막 메시지는 매회 똑같다. 팀원들이 임무 수행 중 체포되거나 사망하면 당국은 이들의 신원을 일체 부인한다는 것이다. 모든 지원을 하겠지만 국가는 어떤 책임도 지지 않겠으니 원하는 결과물만 가져다 달라는 것이다.

용역의 업무 수행 방침이 대체로 그러하다. 철저하게 결과지향적이다. 수단과 방법을 가리지 않을뿐더러 용역의 의뢰자나 실행자 모두 죄의식이나 책임의식을 느끼지 않는다. 한쪽은, 내가 직접 안 해서 그렇고 또 한쪽은, 나는 시켜서 한 것뿐이라고 생각해서 그렇다. 용역의 행태가 점점 더 악랄해지고, 잔인해지고, 비열해질 수밖에 없는 이유다.

  미국의 한 전쟁용역 회사는 앙골라 정부의 돈을 받고 30년 된 내전
을 단번에 해결한 뒤 회사가 폭발적으로 성장했단다. 하지만 그 '단
번의' 과정에서 얼마나 무자비한 학살과 몸서리쳐지는 인권유린이
벌어졌을지 짐작해 보면, 소름끼친다. 용역이 의뢰자보다 잔혹해지
는 건 그러지 않을 경우 더 경쟁력 있는 집단한테 일을 빼앗길 수밖
에 없는 구조라서 그렇다. 마름이 지주보다 더 독해지는 것과 비슷한
이치다. 용역으로 고용된 이들을 먹고살기 위한 어쩔 수 없는 방편이
라는 측면에서 피해자의 일종이라고 보는 시각도 필요하다. 그런 용
역의 사례를 전하는 어느 쌍용차 해고노동자의 목소리는 아득하다.
2년 전 쌍용차 파업의 현장에서 대립했던 젊은 용역이 유성기업에
용역으로 또 투입되어 물었더니 취직을 하지 못해서라고 대답했단
다. 그렇다고 그들이 저지르는 패악이 용서될 수는 없다.

  작금의 대한민국 용역천하에서 가장 큰 문제는 국가공권력이 용역
의 뒤에 숨어서 보이는 무책임하고 야비한 행태다. 용역이 폭력을 휘
두르는 뒤편에서 간 보듯 수수방관한다. '은인자중하던 군부는……'
운운하며 총칼을 앞세울 빌미를 찾는 부도덕한 쿠데타세력과 하나도
다르지 않다. 그러다 빌미가 생기면 편파적이고 무자비하게 개입한

다. 국가가 비겁하기까지 하다. 국가의 모든 운영원칙을 표피만 효율적인 용역의 작동지침에 의존해선 안 된다. 그렇다면 그건 이미 국가가 아니다. 영리만 추구하는 부도덕한 기업이거나 무지한 조폭집단과 다르지 않다.

오래전 서경식 선생은 한 시대의 흐름과 관련해 '모든 불길한 징조에 최대한 민감하게 반응해 방죽이 무너지는 것을 막지 못하는 한, 홍수는 반드시 일어날 것이다'라고 말한 적이 있다. 대한민국에서 용역의 패악질에 대한 국가의 무책임과 비겁함은 이미 도를 넘어선 느낌이다. 그 불길한 징조에 민감하게 반응하지 못하면 방죽은 반드시 무너진다. 그럴 경우 그 홍수는 수백조 원을 들여 배수관거 공사를 한다고 막을 수 있는 수준을 넘어선다. 재앙이란 그런 것이다.

사람의 가치보다 폭력적 효율성을 앞세우는 용역의 나라, 절대 안 된다.

영혼 없는
공권력의 무서움

경찰청이 '쌍용자동차 점거농성 조기해결'을 최근 3년간의 주요 사건 중 '우수사례 5위'로 선정해 발표했다. 전국 수사경찰을 대상으로 했다는 조사결과다. 얼마 전 일이지만 그 분노와 아득함으로 아직도 아리다. 처음엔 '워스트 1위'를 잘못 들은 줄 알았다. 다른 많은 이들처럼 용산참사와 더불어 쌍용차의 폭력적 진압은 국가공권력의 인권유린과 잔악함을 반성하는 중요한 사례라고 생각했으므로 그런 착각을 한 게 당연하다.

2009년 5월 쌍용차 노조원들은 사측의 대규모 구조조정에 반발해 평택 공장을 점거하고 농성을 벌였다. 그 저항은 경찰의 강제진압으로 77일 만에 끝이 났다. 경찰은 그 진압의 과정을 우수사례 5위로 꼽았지만 쌍용차 노조원들에게 그것은 전쟁 같은 상황이 아니라 전쟁 그 자체였다.

경찰은 테러작전에나 쓰이는 5만 볼트의 테이저건과 고무총을 난사했고, 장기간의 단전단수로 노조원들의 생명을 위협했으며, 응급치료를 방해했고, 가족들이 보는 앞에서 토끼몰이 진압을 강행했다. 한 해 최루액 사용량의 90%를 옥상에서 퍼부었는데 그것은 스티로폼도 녹일 정도의 강도에 발암물질 성분으로 논란이 된 최루액이었다. 노조원 쪽의 입장과 피해만 강조한 '좌빨' 시각이라고 매도하고 싶은가. 아니다.

당시 국가인권위원회는 경찰이 이미 쓰러져 일어나지 못하는 노동자들까지 폭행했다고 지적했다. 헬기와 살수차를 이용해 최루액을 뿌리고 테이저건을 발사한 사실에 대해 '장비 사용을 자제하라'고 강력하게 권고했다. 물론 그 지적과 권고는 경찰에 의해 묵살되었다. 파업에 참여한 조합원 수십 명이 구속되고 그들에게는 징역과 벌금, 손해배상 가압류가 이어졌다.

그 살인적 진압의 후유증으로 해고노동자와 가족 등 21명이 스스로 목숨을 끊거나 사망했고 살아남은 이들은 외상후스트레스장애에 시달리고 있다. 하지만 경찰은 그 사건을 공안사건 수사의 모범 사례라고 자랑질한다. 이럴 수는 없다. 프로야구에서 홈런 타자로 이름을 날린 한 선수는 유난히 빈볼 위협에 시달렸다. 홈런 세리머니가 얄미울 만큼 커서 투수들의 분노를 샀기 때문이다. 운동경기에서도 그런 정도다. 하물며 사람이 죽고 영혼이 붕괴되는데도 나 몰라라 풍악을 울린다면 그게 민주공화국의 국가공권력이 할 짓인가.

경찰이 자체 선정한 워스트 10에는 디도스 공격사건 해결, 유흥주점 업주들과 유착, 보고서 변조, 관할권 문제, 증거조사 부실 등 내부 시각에서 의미 있는 사례가 많다. 반면 베스트 10에는 초등생 인질 강도 피의자 검거, 연쇄 부녀자 납치 강도살인범 검거, 금은방 강절도단 일망타진 등 밖으로 내세울 만한 다양한 강력범죄 사건이 많다. 우수사례 5위에 선정된 쌍용차 진압도 그런 실적과 자랑질의 시각에서 바라보고 있다는 한 증거다. 쌍용차 사태 당시 경기경찰청장으로 진압 총 책임자였던 조현오 경찰청장은 자신의 인사 청문회 모두 발언에서 쌍용차 사태 해결을 가장 보람 있는 일인 동시에 내세우고 싶은 업적 1위로 일관되게 주장했다. 우수사례 선정은 그 보람과 자부심이 현재까지도 한치 흔들림 없다는 증거다.

공권력을 담당하는 이들은 공권력 집행자 이전에 국민이고 사람이다. 그 사실을 망각하고 공권력 집행기계로 빙의해 조직의 논리나 역할론만 앞세우다 보면 영혼 없는 공권력이 될 수밖에 없다. 전쟁 중에 무고한 양민을 학살한 군인이나 고문 기술자로 인간의 영혼을 파괴한 경찰관도 자신은 국가의 명령을 충실히 수행한 것뿐이라며 억울해할 수 있다. 용산참사의 책임을 지고 물러난 전직 서울경찰청장이 여당의 공천을 받지 못하자 '경찰이 나라와 국민을 지키기 위해 정당한 법집행을 한 건데 그 탓에 공천을 줄 수 없다면 대다수 국민이 납득할 수 없을 것'이라며 울분을 터뜨린다. 개인적 차원에서야 그 심정을 이해할 수 있지만 아직도 그 사건으로 피눈물을 흘리고 있는 이들이 숱한데 아무 생각없이 그렇게 막 던지듯 말해서야 되겠는가.

공권력 집행 중에 목숨을 잃거나 부상 당한 경찰관들을 마음 아파하지 않는 국민은 어디에도 없다. 우리의 이웃이거나 부모형제가 아닌 경찰관은 없기 때문이다. 다만, 공권력이란 '우월한 의사의 주체로서 국민에게 명령하고 강제할 수 있는 힘'이므로 그 힘이 행사되는 국민의 입장을 먼저 따지는 것뿐이다.

연구에 따르면, 군인 저격수와 경찰 저격수가 고통을 받는 정도는 현저하게 다르다. 군인 저격수는 표적살인을 하고도 주변 사람과 소속 집단의 절대적 지지를 받지만, 전장이 아닌 사회에서 작전을 하는 경찰은 피아의 구분이 명확하지 않은 상황에서 업무를 수행해야 하므로 그 고통이 훨씬 크다는 것이다. 그게 정상적인 사람의 반응이다.

폭력진압의 후유증으로 해고노동자가, 아내가, 노동자의 늙은 아버지가 스스로 목숨을 끊었다. 아직도 경찰서 앞을 못 지나가는 아이가 있고, 아빠를 보호하겠다며 장난감 권총과 칼을 차야만 외출하는 아이가 있다. 쌍용차 해고자 대부분은 마음속에 죽음이라는 단어를 품고 산다고 말한다. 지금도 '함께 살자'라는 문신 같은 조끼를 입고 공장 앞에서 노숙하고 있다.

그런 이들 앞에서 모범사례라고 자화자찬하는 공권력을 어떻게 영혼이 있다 말할 수 있는가. 영혼이 없다면 생각이라도 있어야 최소한 염치를 차릴 수 있는 법이다. 그게 핵안보정상회의에 참석한 각국의 정상들을 경호하는 일보다 중요하지 않을 리 없다. 진짜 경찰이라면. 제대로 된 국가공권력이라면.

인권에도
통역이 필요한가?

내가 이 사회의 한 구성원이라는 걸 견딜 수 없을 때가 있다. 투덜이여서가 아니다. 이 사회가 사람에 대해 무지하고 무도하다는 생각이 드는 순간에 그렇다. 17세 몽골 소년을 무자비하게 추방한 사건을 접하면서 또 그렇다.

이주노동자인 부모와 10년째 한국에서 살고 있는 이 소년은 어떤 전과도 없고 아무런 잘못도 저지르지 않았다. 단지 미등록 이주아동이라는 이유만으로 부모조차 만나보지 못한 채 홀로 추방당했다. 경찰과 법무부는 신속한 공조체계를 통해 17세 소년을 수갑 채워 연행하고, 보호소에 감금하고, 다시 수갑을 채운 채 공항에 데리고 가 일반인들이 다 볼 수 있는 출국통로를 지나 비행기 앞에서야 수갑을 풀어줬다. 나중에 소년은 당시의 경험을 '감옥에 갔다 온 것 같다'는 말로 표현했다. 유엔아동권리협약 가입국이며 유엔 인권이사국의 지위를 희망한다는 대한민국 정부가 저지른 만행이다.

여기까지만 해도 부끄럽고 가슴이 시린데 인권단체들의 문제제기에 대한 정부의 반응은, 비유하자면 분노유발자다. 법무부는 보도자료까지 내며 추방 과정에서 절차적인 문제는 없었다고 강변하고, 사건을 담당했던 경찰 관계자는 '불법체류자를 발견하면 경찰은 그것이 청소년이든 성인이든 상관없이 무조건 출입국관리소로 통보하게 돼 있다'고 합을 맞춘다. 환상의 장단이다. 절차적 정당성만 확보된다면 미등록 대상이 갓난아기라도 강제추방을 할 태세다. 묻지도 않고 따지지도 않고.

절차적 정당성, 말은 좋다. 그 번드르르한 말 속에 이런 사안에서 꼭 지켜야 할 아동의 인권은 무엇이며, 그들이 어떤 상처를 지니고 이 나라를 떠나게 되는지에 대한 고민은 조금도 없다. 실제로 법무부는 소년이 몽골로 돌아가 현지에서 부모도 없이 어떻게 생활하고 교육을 받을 수 있는가에 대해서는 전혀 관심을 기울이지 않았을 뿐 아니라 알아보려는 어떤 노력조차 기울이지 않았다. 절차적 정당성을 앞세우며 부모와 강제로 격리해 아이를 수갑 채워 추방했을 뿐이다.

부모가 소위 '불법' 체류자인 외국인이면, 미등록 이주아동이면, 이런 반인권적이고 반인륜적인 행위조차 아무 문제가 안 되는가. 그래선 안 된다. 추방 과정에서 아동에게 가해지는 벼랑 같은 상처조차 절차적 정당성이란 미명 아래 나 몰라라 한다면 그건 이미 사람이 사는 나라가 아니다.

미등록은 아이가 스스로 선택한 지위가 아니다. 그런데도 미등록이란 이유만으로 부모와 강제 격리하고 수갑 채워 아이를 추방하는 나라가 유엔아동권리협약 가입국이란 사실은 부끄럽다. 인권단체들의 표현에 의하면 이번 사건은 '이 정권의 통치시스템에 큰 구멍이 난 것으로 볼 수밖에' 없다. 이런 반응이 호들갑인가. 아니다. 이번 강제추방은 특정한 정치적 목적이나 음모론의 시각에서 해석할 만한 사건이 아니다. 사람과 밀접한 관련이 있는 사안에서조차 이 나라 행정기관들이 무심하게 일상적으로 저지르는 일 중 하나다. 그래서 더 두렵고 아득하다. 부끄럽고 또 부끄럽다.

어렵게 몽골 현지 학교에 입학한 소년은 10년간 한국에서 산 탓에 몽골 문자가 서툴러 학습에 어려움을 겪고 있단다. 강제로 부모와 격리된 상태라 정서적으로도 정상일 리 없다. 한국에 남아 발만 동동 구를 수밖에 없는 부모의 무기력감과 안타까움은 또 어떻게 표현할 수 있을까. 한국 정부가 저지른 인권 만행의 결과다.

〈사랑도 통역이 되나요?〉라는 영화 제목을 빌려보자. '인권도 통역이 필요한가?' 인권도 국가별로 등록해야 비로소 인권으로 인정해

준다면 그건 이미 인권이 아니다.

대한민국 정부는 강제 출국시킨 몽골 소년 김민우(빌궁)군을 즉각 재입국시켜 부모 곁에서 학교를 다닐 수 있게 해야 한다. 그래야 사람이 사는 나라다. 사람에게 무도하고 무지한 사회에는, 단언컨대, 미래가 없다.

고용노동부를
해체해 달라

재판정에서 내 분신이 되어야 할 변호사가 갑자기 검사로 빙의한 듯 준엄한 표정으로 내게 죄를 물으면 어떨까. 혹은 오래전의 국선변호인처럼 심드렁한 자세로 '선처를 바랍니다' 따위만 남발하면 어쩌나. 그 당혹감과 공포와 좌절은 생각만으로도 끔찍하다. 불행하게도 현실세계에서 노동자를 대변해야 할 고용노동부(이하 노동부)가 바로 그렇다고 나는 느낀다.

노동자가 목을 매고, 철탑에 오르고, 찬 바닥에서 노숙하며 제발 내 말에 한번만 귀 기울여 달라는 현장엔 경찰과 용역과 정치인만 눈에 띌 뿐 노동부는 어디에도 없다. 흔적조차 없다가 기껏 한다는 짓이 검사로 빙의한 듯한 변호사 노릇이다.

지상에선 길이 없어 하늘에 오른 노동자가 고공농성하고 있는 현장을 방문한 여당 원내대표는 '왜 이렇게 올라가서 있는지 잘 모르겠

94

다'고 혀를 찬다. 표창 수만 개를 사람들 가슴에 던지는 무책임한 말이지만 정작 본인은 무슨 문제냐는 듯한 태도다. 이런 때 노동부는 그런 정치인을 향해 '왜 정치를 하고 있는지 정말 모르겠다'고 심리적 귀싸대기를 날려 줘야 하는 게 맞다. 노동자를 보호하고 같은 편이 되어 주라고 있는 부서가 노동부이므로 그렇다.

하지만 노동부의 생각과 행동은 전혀 반대다. 노동부가 노사 어느 한쪽에 치우쳐서는 안 된다는 기계적 균형성을 앞세워 거의 막말을 내뱉는다. 목숨을 담보로 한 투쟁은 정당하지도 지속가능하지도 않다며 자살한 노동자들에 대한 애도 한번 없이 '어떤 경우에도 인명을 포기하는 극단적 선택은 옳지 않다'고 훈계질한다.

조금 과장해서 노동부의 기본 임무를 '엄마성'의 개념으로 확장해 본다면, 밖에서 의문사하거나 자살한 자식이 있는 엄마가 균형 잡힌 수사만을 강조하거나 인명을 경시하는 극단적 선택을 한 자식을 나무라는 격이다.

자식의 죽음 앞에선 어떤 엄마도 그런 식으로 반응하지 않는다. 그래서 엄마란 존재는 모든 자식에게 최후의 심리적 보루가 된다. 내가 무슨 짓을 했든 어떤 상황에 있든 무조건 나를 지지하고 내 편이 되어 줄 것이라고 믿는 존재. 그런 최후의 보루를 확보하지 못한 사람은 제대로 살아가기 어렵다.

그래서 사회적 영역에서도 그런 엄마성 있는 존재는 꼭 필요하다. 그래야 사회적 합의가 가능해지고 목숨까지 버리는 극단적 상황이 되풀이되지 않는다. 언감생심, 노동부더러 노동자의 엄마가 되어 달라고 요구하는 것도 아니다. 최소한의 엄마성은 보여 줘야 노동자가 살 수 있다는 것이다. 직업윤리의 측면에서도 그런 게 노동부의 역할이다.

대부분의 노동자에게 노동부는 우리 편이 아니란 생각이 지배적이다. 노동 관련 1인 시위를 해도 국회나 경찰, 인수위, 공정거래위원회 앞으로 가지 노동부 쪽으론 가지 않는다.

그렇다면 그런 노동부는 무엇을 위해 존재하는가. 지금 노동부에서 치중하고 있는 대부분의 정책과 태도는 기업고용부를 만들어 그곳에서 추진하고, 노동자들 편에서 그들의 간절한 목소리를 담아내고 보듬어주는 곳으로 노동인권위원회 같은 별도의 독립기구가 있었으면 좋겠다는 희망사항은 얼토당토않은 것일까.

2013년 초 통계청이 발표한 임금노동자 수는 2200만 명에 이른다. 경제활동인구가 2500만 명이라니 국민 대다수가 노동자라는 말이다. 다르게 말하면 노동부가 특정한 계층의 이익을 대변하는 부서를 넘어선다는 의미이다. 그러니 노동부가 최후의 심리적 보루가 되지 못하는 사회가 집단적으로 불행하고 고통스러운 건 자명하다. 일당독재의 면피용으로 존재하는 관제야당처럼 노동부가 노동자들에게 생색용으로만 존재하고 실질적인 최후의 보루가 되지 못한다면 해체하는 게 백번 맞다. 그래야 새로운 길이 생긴다.

꿩 머리박기 소통법

서울 출생으로 돼 있지만 전북 군산에 있는 선산을 매년 다니고 있으니 호남 지역을 고려한 검찰총장 인선으로 이해해 달란다. 〈개그콘서트〉의 패러디 돋는 대사가 아니다. 대통령의 입이라는 윤창중 청와대 대변인의 공식 발표다. 인수위 시절부터 숱한 자질 논란과 비토가 있었음에도 결국 청와대 대변인이 된 윤창중의 말답다.

'이 정도 수준의 안철수에게 열광하는 대한민국 국민의 수준에 거듭 경악'했다는 윤창중의 예전 글을 부메랑으로 차용해 보자. 소통의 시발점이랄 수 있는 청와대 대변인의 인식과 말발이 이 정도밖에 안 되는데도 국민과 소통 운운하는 청와대의 수준에 거듭 경악할 수밖에 없다.

나는 윤 대변인의 지역 안배 설명을 들으면서 '탁 하고 치니 억 하고 죽었다'는 그 옛날 고문 경찰들의 발표 한 대목을 떠올린다. 대변인의 한낱 말실수일 수도 있는 사안에 지나친 해석인가. 아니다. 그 둘은 조금도 다르지 않다. 게다가 청와대 대변인 윤창중의 자질 문제가 아니라 소통이라는 것에 대한 박근혜 정부의 인식과 수준이 그럴지도 모른다는 데 생각이 미치면 대책이 안 나온다.

어린아이들은 숨바꼭질할 때 꿩 머리박기처럼 방 한가운데서 궁둥이를 치켜든 채 바닥에 엎드리거나 수건으로 자기 눈을 가려서 숨는다. 내가 안 보이면 술래도 내가 안 보일 거라고 생각해서다.

문제는 이런 어린아이 같은 일차원적 인식과 '새대가리' 같은 행동이 어른이 되어서도 혹은 공적 영역에서도 심심치 않게 일어난다는데 있다.

관계의 본질은 나도 있지만 너도 있다는 것이다. 하지만 꿩 머리박기는 상대는 없고 나만 있는 소통 방식이다. 특정 상황이나 말을나만 그렇다고 믿으면 다른 사람도 그럴 거라고 생각해버린다. 철저하게 일방형이다. 상대방의 의사는 아무 상관이 없다.

청문회에서 뇌물수수 혐의를 추궁 받는 이들은 모두 빌린 돈이라고 강변한다. 주고받은 이들끼리 그렇게 입을 맞추고 약속했으면 남들도 그럴 것이라고 믿어버리는 것이다. 물고문을 받던 대학생이 사망하자 그 많은 관계기관들이 모여서 장시간 토론 끝에 '책상을 탁 치니 억 하고 죽었다'고 발표하기로 결론을 낸 것도 마찬가지다. 워낙 다급해서 도출된 궤변 같은 변명이든, 대충 발표하고 공권력 동원해 눈 부라리면 무마될 것이라고 믿는 군사독재적 행태든 그 핵심은 자기합리화다. 자기들끼리 그렇게 믿고 결론 내면 남들도 그러할 것이라고 생각해버리는 자기착시의 극한이다.

실수로 여자의 팬티를 입고 집에 온 바람둥이 남편이 있었단다. 그걸 보고 기막혀하는 아내에게 '길 가다가 너무 이뻐서 사 입어봤다'고 입막음했다나. 공직자의 지역 안배 문제가 그만큼 화급한 사안은 아닐 것임에도 청와대 대변인의 공식 발표가 그런 뒷담화에서나 유발됨 직한 패러디 수준으로 느껴지는 것은 현재 청와대가 지향하고 있는 일상적인 소통의 방식이 그와 유사하다는 증거일지도 모른다.

사람을 설득하는 9가지 방법 같은 책을 달달 외운 이는 자신감에 충만할 수 있다. 하지만 내가 설득하려고 하는 상대방이 나와 똑같은 책을 통독하고 협상 테이블에 앉는다면 얘기는 달라진다. 원래 소통이란 그런 전제에서 시작하는 것이다.

내가 생각하는 관점이나 해결책을 상대도 똑같이 생각할 수 있다. 상대를 그런 합리적 행위자로 인식해야 제대로 된 소통이 시작된다. 그렇지 않은 모든 소통은 꿩이 자기 머리만 바닥에 박으면 다른 사람도 안 보일 거라고 믿는 일방형 소통에 불과하다.

국민과 관계에서 그런 꿩 머리박기 소통법이 활개치는 정부라면, 생각만으로도 우울하다.

꽃을 심는다고
사람을 철거합니까?

2013년 식목일 전날, 중구청이 대한문 앞에 꽃을 심었다. 꽃이 얼마나 고왔으면 새벽에, 그것도 사람 다니는 길에 화단을 급조했을까 싶지만, 물론 그 이유는 아니다. 정확하게 1년째인 쌍용차 분향소를 기습 철거한 뒤 그 자리에 분향소가 다시 들어서지 못하도록 하기 위한 무지막지한 법집행이다. 당연하게도 화단에 진입하려는 노동자들과 시민들, 그걸 막으려는 경찰과 중구청 직원들 사이에 치열한 공방전이 벌어졌다.

꽃밭을 지키려는 중구청의 노력은 가히 필사적이다. 1m 높이의 펜스를 설치하는 것은 기본이고 거의 전직원을 동원해 24시간 철야경비까지 선다. 발 맞춰 인간펜스처럼 늘어선 수백 명의 경찰은 꽃밭에 들어갔다고, 꽃을 뽑았다고, 꽃밭이 불법이라 항의했다고 현장에 있던 사람들을 무차별적으로 진압한다. 연행된 이들만 50명이 넘고 심지어는 구속영장까지 청구한다.

사정을 모르는 사람들이 봤으면 화단을 철거하려는 노동자와 시민들을 나쁘다 했을지도 모른다. 일반적으로 우리의 인식 속에는 꽃을 편드는 쪽의 사람들은 평화를 사랑하고 정치적으로도 올바른 경우가 많기 때문이다. 그런 점에서 꽃을 인질로 한 중구청의 게릴라식 법집행은 치졸하고 찌질하다. 총알이 빗발치는 교전 현장에 어린아이를 앞세워 적의 공격을 막아보려는 것처럼 기만적이기까지 하다. 결과적으로 시민들이 법에 대해 가지고 있음 직한 공정성과 신뢰성을 훼손하는 행위다.

40톤의 흙으로 보도블록 위에 급조한 화단에서 꽃과 묘목이 자랄 수 있을 것이라고 생각하는 사람은 아무도 없다. 꽃을 심은 사람들도 안다. 그럼에도 집행관이 붙여 놓은 빨간딱지처럼 꽃밭에 손대면 잡아간다. 한 기자의 말처럼 화단에 들어서면 체포하는 세계 최초의 화단 보안법이다. 어차피 먹을 것도 아니면서 내 거라고 침 뱉어놓은 음식을 아무도 건들지 못하게 하는 노터치 법이다.

국가가, 국민과 의견이 다른 지점에서 절대강자인 자기를 지키기 위해 자의적이고 기만적으로 법을 동원하는 이런 작태는 걱정스럽다. 국가공권력 스스로 법치정신을 희화화하는 일이다. 법이란 게 결국 법 집행자들의 이현령비현령 도구로구나, 눈 가리고 아웅 하면 되는 것이로구나, 그런 식으로 국민들의 마음속에 법을 조롱하고 법에 대한 합리성과 공정성을 의심하는 마음이 깊어지면 박근혜 정부가 중시한다는 법치주의는 요원할 수밖에 없다.

금지된 곳에서 상습적 쓰레기 투기로 분란이 끊이지 않는 동네가 있었다. 그 어떤 경고나 설득, 감시카메라도 소용이 없었는데 그 분란을 한 방에 잠재운 것은 꽃밭이었다. 불법 투기 장소에 꽃밭을 만들었더니 아무도 쓰레기를 버리지 않았다는 것이다.

이번에 중구청이 참조했을지도 모를 어떤 실험 결과다. 만약 그랬다면 중구청은 꽃밭이 의미하는 근본적 의미를 잘못 짚었다. 사람들이 쓰레기를 버리지 않은 건 단지 그곳이 꽃밭이라서가 아니다. '이런 꽃밭을 만들었다면 누군가 많은 정성을 기울였을 것이다. 그렇다면 내가 그것을 존중해야 마땅하다'는 마음 때문이다. 다른 사람의 선의에 대한 존중이라는 말이다. 대한문 앞 화단에는 선의는 없고 무자비와 꼼수만 어른거리는데 무슨 수로 존중하나. 분노와 항의만 유발하는 화단일 수밖에 없다.

그 화단이 어떤 자리인가. 며칠 전까지 쌍용차 희생자 24명의 분향소가 있던 곳이다. 2009년 쌍용차 사태 뒤 한 달마다 상복을 입고 있는 해고노동자들이 시민들과 연대하여 마지막 안간힘을 쓰고 있는 벼랑 끝 목숨 같은 곳이다. 그런 곳에 화단이 웬 말인가.

현장에서 분향소를 철거하고 화단 설치를 주도한 중구청장은 한 달 전 박근혜 대통령을 향해 '국운을 일으켜 세울 지도자께서 구청장까지 일으켜 주시니 감사합니다'란 낮 뜨거운 트위터 글을 올려 논란이 된 적이 있다. 결정적인 건 그 글을 박근혜 대통령을 비꼬기 위해서 만든 트위터 계정에 올렸다는 사실이다. 아이디가 비슷하니 착각한 것이다. 번지수를 잘못 찾았다는 점에선 이번 대한문 화단 설치와 다르지 않다는 느낌이다.

대한문 현장에서 한 시민이 들고 있는 '꽃을 심는다고 사람을 철거합니까?'란 항의 푯말이 눈을 찌른다. 화단에 꽂아 놓은 영정사진을 철거하는 중구청 직원들의 조끼엔 '살고 싶은 안전특별구, 서울의 중심-중구'라는 글씨가 적혀 있다. 무엇이 안전한 것이고 사는 데 어떤게 중심이어야 하는지 저들은 아는 것일까. 비 오는 오후, 찬 바닥에 앉아 화단을 향해 절규하듯 침묵하고 있는 해고노동자들을 바라보다가 빗물처럼 울었다. 무덤 같은 화단은 철거되어야 한다. 그곳은 사람이 있던 자리다. 모든 것은 본래의 자리로. 그게 법이 존재해야 하는 최소한의 이유다.

원전 마피아는
재앙이다

요즘과 같은 '전문가 시대'에 전문가 집단의 탐욕과 맹신은 재앙으로 귀결된다. 그들의 권한과 영향력이 너무 커서 그렇다. 특히 원전처럼 방대하고 전문적인 영역에서는 전문가 집단의 주장이 절대적 존재감을 가진다. 원전 1기를 짓는 데 3조 원가량이 필요하고, 부품 수가 250만 개에 이른다는 사실은 모두 원전 전문가 집단으로부터 도출된 것이다. 토를 달기가 어렵다.

23기의 원자력발전소 중 일부가 불량 부품 사용으로 가동이 중단되었다. 주요 부품의 시험성적을 위조해 납품한 결과다. '천인공노할 중대한 범죄'라고 규정한 국무총리의 말이 과하게 느껴지지 않는다. 원전 사고라는 게 어떤 결과를 초래할지 누구보다 잘 알고 있을 전문가라는 자들이, 개인적 이익과 자리보전을 위해 저지른 일이라는 데 생각이 미치면 모골이 송연하다.

1986년에 발생한 체르노빌 핵발전소 사고는 20세기 최대의 재앙으로 불린다. 2004년까지 100만 명이 죽었다. 당시 현장에 출동했던 소방관들은 보름 뒤 전원이 사망했다. 현장에서 돌아온 남편을 단지 안았을 뿐인 소방관의 부인은 간경화증에 걸린 딸을 낳았고, 아이는 태어난 지 4시간 만에 죽었다. 부인도 곧 목숨을 잃었다. 사고 즈음에 태어난 아이들은 인간의 형상이 아니었다. 눈알이 없거나 뇌가 노출된 기형아들이 줄줄이 태어났다.

핵을 삽으로 떠내는 작업에 투입됐던 군인 수만 명이 죽었는데 절반은 자살이었다. 살아 있는 자체가 지옥 같은 고통이라서 감당할 수 없어서다. 살아 있는 이들은 정상적인 죽음이라도 맞이하게 해 달라고 절규했다.

지금까지도 체르노빌은 반경 30킬로미터가 금지구역이다. 멀리 갈 것도 없다. 2011년 대지진의 여파로 원자력발전소가 폭발한 후쿠시마도 반경 20킬로미터가 금지구역이다. 이미 인간의 땅이 아닌 것이다. 우리는 거기와 다르다고 항변하거나 외면하고 싶겠지만, 원전이 존재하는 한 그런 재앙의 시나리오엔 예외가 없다.

그럼에도 우리나라 원전 전문가들은 탐욕과 맹신으로 시험성적서를 위조해 부품을 납품했거나 묵인했다. 그들 사이에 통용된 유일한 암호는 황금교와 패거리주의였다. 돈이 모든 것이라고 신앙처럼 믿었으며 끼리끼리 자리를 돌려 먹었다. 다른 전문적 잣대는 뒷전이었다.

원전을 독점체제로 운영하는 한국수력원자력(한수원)은 한국전력 자회사다. 납품 부품의 시험성적서를 최종 확인하는 한국전력기술도 한전의 자회사다.

국내 원전 부품의 안전성을 평가하는 시험기관은 대한전기협회의 인증을 받아야 하는데 이 협회의 회장이 한전 사장이고 부회장단에는 한수원 대표, 한전 자회사 대표, 원전업체, 원전설비 시공을 책임지는 대표가 포진해 있다. 재판정에서 판사·검사·변호사의 역할을 모두 한 사람이 하고 있는 셈이다.

실제로 한전 자회사 퇴직자들은 원전 업계로 옮기거나 시험기관 업체에 재취업하는 게 일종의 관행이었다. 서울대 특정 학과 졸업자들을 중심으로 정부 부처와 업계, 학계 인사들로 형성된 원전 마피아의 위세는 가공할 만하다. 모든 상식과 정상적인 절차와 공적 개념을 무력화하고 집어삼킨 것처럼 보인다.

정부의 대대적인 조사 결과를 보면 최근 10년간 품질 서류가 위조돼 한수원에 납품된 부품은 561개 품목, 1만 3000여개에 달한다. 원전 마피아의 흔적이다.

이런 상황에서 북한의 핵위협에 분노하며 철저한 응징을 강조하면 뭐 하나. 원전 마피아의 탐욕은 거의 방사능 피폭 수준의 재앙을 초래할 수밖에 없다. 하나회를 척결하듯 원전 마피아 문제를 해결하지 못하면 국민 대다수는 특정 전문가 집단의 탐욕과 패거리주의에 미래를 저당잡히고 살게 된다. 그럴 수는 없다.

명함이
진짜 당신일 수는 없다

사단장 아빠가 애지중지하는 3대 독자 외아들이 조폭들에게 심하게 얻어터졌다. 분기탱천한 사단장은 예하 특공부대를 동원해 자기 아들을 두들겨 팬 조폭 일당을 분쇄하듯 응징했다. 아직 공개적으론 접한 적 없는 사례이니 그런 일이 있다고 가정하자. 화력의 규모와 무게감에서 권투선수 출신의 재벌 회장이 아들의 복수를 위해 동원했던 폭력배와는 양적으로 질적으로 다른 차원일 게 틀림없다.

황당할 수도 있는 가정이지만, 우리 주위엔 그런 식으로 자신의 명함을 자기 욕망이나 감정배설의 도구로 쓰는 이들이 너무 많다. 사회생활을 하는 대개의 성인들은 본래의 자기와는 별개로 사회적 역할을 하나씩 부여받는다. 그게 명함이다. 명함은 사회적 역할의 한 상징이다. 나의 일부인 건 맞지만 나의 전부는 아니다. 그럼에도 본래의 자기는 다 휘발시켜 버리고 명함 속의 인물이 자기의 전부인 양 행동한다. 사회적으로 그럴듯한 명함을 가진 이들이 특히 그렇다. 회장님은 집에서도 어김없이 회장님이고 검사는 친구 모임에서도 늘 대화의 상석에 있으며, 장관은 동호회 모임에서도 우선 배려의 대상이다. 그러니 자신의 사회적 명함에 개인적 욕망이나 감정을 투사하는 일이 하나도 이상하지 않다.

국정원장이란 명함을 가진 이가 남북 정상의 대화록을 공개한 이유는 야당의 끈질긴 공격으로부터 '국정원의 명예를 지키기 위해서'란다. 콧구멍이 두 개라서 숨 쉰다. 국정원 명예의 알파와 오메가는 국익이다. 본래 국정원의 존재 이유가 그렇다. 경호실장이 적의 공격이 비열하고 잔인하다는 이유로 경호요원들의 안전을 위해서 경호 대상인 대통령을 적의 공격에 무방비로 노출한 것과 무엇이 다른가.

2012년 4월 대법원은 국정원과 관련해 박원순 서울시장을 명예훼손으로 고소한 사건에 대해 국정원 비판이 국가에 대한 명예훼손이라며 소송을 제기한 정부의 행동이 옳지 않다고 판결했다. 국정원은 명예훼손 피해를 주장할 자격이 없다는 것이다. 그러니 국정원장이 공개적으로 국정원 명예 운운하면 안 된다. 그런 말은 국정원 내부 회식 자리나 참모총장 출신인 국정원장이 사적인 자리에서 군대 동기들을 만날 때나 써먹을 말이다.

요즘 덕수궁 대한문 앞에서도 비슷한 상황이 반복되고 있다. 쌍용차 분향소를 철거한 자리에 조성된 기묘한 화단을 지키는 경찰의 현장지휘자가 그렇다. '내가 곧 법이다'라는 자세로 집회도, 노숙도, 침묵시위도, 연좌농성도 어떤 것도 금지한다. 그의 눈에 거슬리면 무엇이든 불법이 되는 형국이다. 자신에게 욕을 했다고 모독죄로 한 시민을 연행했다. 그 자리에 함께 있던 시민 수십 명이 '떼창'으로 욕하며 우리도 연행하라고 항의하자 그제야 풀어준다. 그 후론 진압과 옥죔을 보복하듯 행사한다. 오죽하면 그 자리에 상주하는 한 해고노동자가 '공권력이 감정을 갖는 순간 동네 깡패 양아치랑 무슨 차이가 있느냐'고 절규하겠는가.

파리나 모기는 파리채로 살짝만 쳐도 죽는다. 하지만 그것들 때문에 잠을 설칠 만큼 괴로웠을 경우 필요 이상의 힘으로 파리채를 감정적으로 휘두르게 된다. 공권력에 집행자들의 사사로운 감정이 실릴 경우 그 파괴력은 상상을 초월한다. 나라의 기반이 흔들린다는 말은 그런 때 쓰라고 있는 말이다.

청부살인죄로 감옥에 있어야 할 사람이 몇 년씩 호화병실에서 지냈다는 사실 때문에 숱한 이들의 공분을 자아낸 사모님의 외출은 의사·검사·변호사·경찰 등 그럴듯한 명함을 가진 이들이 자신의 개인적 욕망과 인연을 사회적 역할보다 앞세운 결과다. 우리 사회 곳곳에 12·12 사태 때처럼 공적 영역이 무력화되고 사적인 인연이나 욕망이 우선한다는 명백한 증거다. 그런 곳에서 정상적으로 살아남을 재간은 없다. 유일한 솔루션은 수단과 방법을 가리지 않고 지금보다 더 그럴듯한 명함을 얻기 위해 각개약진하는 것뿐이다. 내가 그런 사회의 한 구성원으로 살아가야 한다면 그런 삶은 얼마나 불행한가. 그럴 수는 없지 않은가.

왜 졸개를
못 만들어 안달인가

지나간 시간이 모두 아름다운 추억일 수는 없다. 되돌아보기도 싫을
만큼 가슴을 옥죄는 과거도 존재한다. 내게는 고교시절이 바로 그런
과거다.

학도호국단이 부활한 1975년에 고등학교에 입학했다. 한 반이 한
소대였고, 학년이 대대, 학교 전체는 한 연대로 불렸다. 말 그대로 병
영학교였다. 빳빳한 군복에 군화를 신고 검은 안경을 쓴 예비역 대위
가 지휘봉을 들고 교련선생님이란 이름 아래 학생들을 통제했다. 총
검술 16개 동작을 제대로 못한다고 매타작을 일삼고, 총기 분해와 조
립이 느리다고 입에서 단내가 나도록 선착순을 시켰다. 병영학교답
게 교련 시간에만 그런 게 아니었다.

빡빡 깎은 머리처럼 일사불란한 수업과 생활지도를 위해서 선생님
들은 걸핏하면 때렸고 학생은 학교에서 시키는 대로 무조건 복종해

야 하는 졸개였다. 영화 〈친구〉나 〈말죽거리 잔혹사〉에 등장하는 선생님들의 폭력성과 수직적인 군사문화가 학교의 일상적인 풍경인 시절이었다. 당시에는 그렇게 끔찍한 시간인 줄 몰랐다.

아주 나중에 알았다. 그런 영화들을 보며 억울해서 조금 울었고 그렇게 개 취급을 당하면서 왜 항변 한번 제대로 못했는지 부끄러워서 많이 울었다. 그래서 성인이 된 후로 나는 고교시절에 대해 입을 뗀 적이 거의 없다.

그럼 그 시절의 학창시절을 즐겁게 추억하는 사람은 문제가 있다는 것이냐고 묻지 마시라. 나는 그렇다는 것이다. 그 시절을 아프게 회한하는 사람은 그렇다는 것이다. 그런 시절을 거쳐 어른이 된 후에도 아이들에게 그런 병적인 구조와 경험을 아무렇지도 않게 강요하는 야만성에 가슴까지 붉어진 적이 있는 사람이라면 그렇다는 것이다.

사설 해병대 캠프 사고로 목숨을 잃은 고등학생들의 비보를 오열하듯 읽었다. 진짜 캠프냐 사칭 캠프냐의 문제를 대책이랍시고 논의하는 작태는 한심스럽다. 해병대 캠프 등에 학생들을 보내지 말아야 한다는 주장에 군의 명예를 훼손하는 일이라며 반발하는 건 또 뭔가. 말이야 바른말이지, 적군 섬멸이 최종 목적인 특수부대의 훈련 과정에 나이 어린 학생들을 몰아넣고 뭔가 긍정적인 걸 얻을 수 있다고 믿는 행위 자체가 엽기다.

　며칠 동안 병영체험을 통해서 극기심, 협동심, 리더십, 도전정신이
함양된다면 세계는 진작에 병영국가를 지향했을 것이다. 복무기간
이 10년이라는 북한의 국가경쟁력은 세계 최고여야 마땅하다. 하지
만 인간의 마음은 그런 식으로 움직이지 않는다. 일시적으로 효과가
있어 보일지 몰라도 내면화는 어림없다. 군에 입대한 직후엔 부모
님의 은혜와 나태한 생활을 반성하는 이가 많다. 하지만 대개의 경우
제대 후 이틀이면 그런 결심과 생활 패턴은 다 무너진다. 그게 사람
이다.

　군대조직의 핵심 운영 원리는 복종이다. 통제와 교체가 용이한 구성
원을 양성하기 위해 묻지도 따지지도 않는 무조건적인 순응을 요구
한다. 시쳇말로 까라면 까는 것이다. 그렇게 보면 허울이 어떻든 우리
사회가 청소년들을 말 잘 듣는 사람으로 길러 내기 위해서 병영체험
캠프를 이용한다는 의심을 지우기 어렵다. 말만 잘 듣는 사람이란 이
미 온전한 사람이 아니다. 지난해 경기도에서만 2만여 명의 중·고생
이 해병대 캠프 등을 체험했다. 요즘은 교사들에게까지 수업 대신
병영체험 활동을 강제하고 있다. 완전한 병영학교로 회귀다.
　이번 사고로 아이를 잃은 한 학부모는 '학생들을 극기훈련으로 몰

아넣는 것은 한국 사회 특유의 군사문화에서 비롯한 시대착오적 발상이다'라고 절규했다. 백번 공감한다. 이 땅의 교육당국, 학교, 학부모들은 허상에 휘둘리고 있는지도 모른다.

1920년대 미국의 한 정신과 의사는 환자 수천 명의 이를 몽땅 뽑는 정신과 치료를 실시했다. 정신병이 근본적으로 치아 감염으로부터 온다고 믿어서다. 수많은 사람들이 죽어 나갔지만 대기환자가 줄을 이었고 정부는 예산을 지원했으며 언론은 열광했다. 결국 추악하고 잔혹한 정신의학사로 귀결됐지만 당시 사람들은 그것이 최선의 치료법이라고 믿었다.

2005년 법무부는 보호관찰 처분을 받은 청소년 1000여 명에 대해 극기훈련의 일환으로 병영체험 프로그램을 도입하기로 결정했던 적이 있다. 허울은 좋다. 인간의 정신에 대한 우리 사회의 인식 수준은 그런 정도다. 집단적으로 통제하기 좋은 쪽으로만 작동한다. 군부대 훈련을 통해서 정신을 개조하겠다는 삼청교육대의 발상과 조금도 다르지 않다.

청소년에게 극기훈련이나 리더십 함양을 빌미로 삼아 군사문화를 강요하는 체험활동은 아무 득이 안 된다. 이론적으로도 실전적으로도 검증된 바 없다. 말 잘 듣는 아이들을 기대하는 기성세대의 얄팍한 기대이거나 인간의 마음에 대한 깊은 이해가 없는 자들의 헛된 망상일 따름이다. 즉시 중지시켜야 한다.

누가 내게 다시 그때의 고등학교 시절로 돌아간다면 이번에는 어떻게 할 거냐고 물었다. 내 대답은 간단하다. 안 간다.

굼벵이와 치타의
시간은 같다

이 정부 경제 수장이라는 이의 말을 듣는데 스포츠카처럼 뚜껑이 열리는 느낌이다. 염장 제대로다. 얼마나 염장 대박인지 여야 정치권까지 한목소리다. 첫날엔 금융당국 책임자의 사퇴를 요구하는 국민들을 어리석은 사람으로 질타하더니 둘째 날엔 개인들이 정보제공에 동의할 때 좀더 신중했어야 한다고 훈계한다. 동의를 하지 않으면 금융서비스를 이용할 수 없는 환경이라는 사실 자체를 모르지 않고서야 저런 발언을 할 리 없다.

이런 정보 대량유출*은 초유의 사태라지만, 비슷한 종류의 일이 있을 때마다 목격하게 되는 중요 의사결정권자들의 대응 행태는 데자뷰에 가깝다. 오만과 무지가 마리 앙투아네트 급이다. 똥 싼 놈이 성내는 건

---

* 2013년 6월 주요 카드사의 1억 4000만 건이 넘는 개인정보가 유출됐으나 2014년 1월에야 알려진 사건.

기본이고 외려 피해당한 이들을 나무라고 계몽질한다. 자신에겐 그럴 자격과 능력이 있다고 철석같이 믿는다. '전지전능감'이 하늘을 찌른다. 돈 좀 있거나 권력이 있거나 재능이 많은 사람들에게 쉽게 나타나는 현상이다.

우리 사회엔 전지전능감을 조장하는 문화가 있다. 사람의 전체 중 극히 일부분에 불과한 재능이나 권력, 재물을 전인격적으로 확대해석한다. 딱 그만큼만 인정하고 존중하면 되는데 너무 간다. 결국 과도한 인정과 의미부여가 사람의 눈을 가리고 판단을 흐리게 한다. 서울대 출신은 정력도 좋을 것이라는 명제가 말도 안 되는 줄 알면서도, 대접은 정력까지 좋은 사람에 준하는 식이다. 인기 절정의 연예인은 자신이 미다스의 손이 된 것 같은 느낌을 받는다고 고백한다. 사업을 시작해 팬들이 내 제품을 하나씩만 사줘도 망하지 않으리라는 확신에 휩싸인다. 그래서 시작한 이들은 결국 다 망했다.

노래를 제일 잘한다고 인격적으로 가장 성숙한 사람은 물론 아니다. 최고 의사결정권자가 그 집단에서 가장 뛰어난 판단력을 가졌다는 보장은 어디에도 없다. 나이가 많다고 그의 말이 곧 삶의 지혜일 수도 없다. 그럼에도 우리는 도드라진 외형적 조건 한 가지를 기준으로 나머지도 그러하리라고 결론 내린 뒤 그에 맞춰 행동한다.

기장의 반대를 무시하고 자신의 판단대로 악천후에 헬기를 띄우라 명령하는 회장님은 자신을 전지전능 그 자체로 인식한다. 참모들의 육아와 취미생활조차 자신의 방식대로 밀어붙이는 사단장은 다재다능한 리더로 추앙받는다. 과도한 의미부여와 과도한 존중, 그로 인한 전지전능감에서 비롯하는 부작용이다.

굼벵이와 치타가 10분간 온 힘을 다해서 이동하는 거리는 다르다. 그렇다고 굼벵이와 치타의 시간의 가치가 다른가. 아니다. 같다. 사람도 그렇다. 모든 사람은 각자 자기 시간 안에서 최선을 다하는 것이다. 주당 6억 원을 받는 운동선수와 주당 60만 원을 받는 봉급자의 시간은 똑같이 가치가 있다. 우연히 어떤 재능이 뛰어나서 현실적인 차이가 있을 뿐이다. 그런 재능을 전방위적으로 과도하게 인정하면 양쪽이 다 망가진다. 한쪽은 괜히 주눅 들고 한쪽은 턱없는 전지전능감에 오버가 일상이 된다. 내가 특별한 사람이니 두 손 모으고 모든 문제에서 내게 주목하라 요구한다.

특정한 지위에서 내부인들에게 과도하게 대접받는 권력자들은 전지전능감이 몸에 배어 현실감각이 심각하게 무뎌질 수밖에 없다. 그런 사실을 인지할 수 있어야 한다. 그러지 않으면 모든 사람이 주린 배를 움켜쥐고 배고픔을 호소할 때 절식이 몸에 얼마나 좋은지 아느냐며 혀를 차는 일이 아무렇지도 않게 된다. 답답한 마음에 호통까지 친다. 오만과 무지가 부록처럼 동반된다.

　전지전능감에 휩싸인 정책결정자들의 오만과 무지를 보면서 염장 질리는 일을 언제까지 경험해야 하는가. 정신건강에 얼마나 안 좋은지 당해보지 않은 이들은 모른다.

이럴 수는 없다

육체적으로 인간이 느끼는 고통 중 으뜸은 몸이 불에 탈 때의 고통이라고 한다. 심리적으론 사랑하는 대상이 눈앞에서 죽어 가는데 어찌해볼 수 없을 때의 고통이 그것과 맞먹는다. 실제로 새끼가 눈앞에서 죽음을 당하는 광경을 본 어미 염소는 창자가 새까맣게 타들어가 죽었다. 잡혀가는 새끼를 쫓아 사흘 밤낮을 뱃길을 따라 내달린 어미 원숭이의 창자가 토막토막 끊어져 죽었다는 고사에서 비롯한 '단장의 슬픔'은 괜한 꾸밈말이 아니다.

세월호 침몰사고 유가족과 실종자 가족들이 지금 그렇다. 차갑고 어두운 바다 속에 내 아이, 내 부모형제 수백 명이 갇혀 있는데 일주일째 속수무책으로 그들이 죽어가는 광경을 바로 코앞에서 보고 있다. 단 한 명도 구하지 못했다. 그건 이미 인간이 감당할 수 있는 고문의 수준을 넘어선다. 심장이 불에 타는 고통이다. 그걸 지켜보는 이들의 마음조차 화염에 휩싸이게 만드는 지옥도다.

"얼굴이 띵띵 불어 내 아이 얼굴도 알아볼 수 없으면 평생 못 산다. 조금이라도 멀쩡할 때 꺼내줘라. 딱 한번만이라도 내 새끼 품어주고 보내줘야지. 엄마가 어떻게 그냥 보내."

어느 실종자 엄마의 말을 옮기다가 살갗이 따갑고 숨이 가빠져서 컴퓨터 자판이 흥건해졌다. 밥 먹다가도 문득 꺽꺽 울게 된다. 이 나라 국민이라면 지금 모두가 그렇다. 실종자 가족들이 정부의 대처를 믿지 못해 청와대로 가겠다고 하니 그들을 시위대 취급하며 원천봉쇄하는 이 나라 공권력은 끔찍하다. 많은 이들이 한목소리로 전하는 한탄과 분노처럼 이게 도대체 국가인가. 이럴 수는 없다.

재난청을 신설한다고 달라지지 않는다. 시스템이 없어서가 아니다. 시스템을 운용하는 조직구성원들의 '윗사람 바라보기'가 개선되지 않는 한 이런 지옥도는 반복될 수밖에 없다. 이 나라 관료들은 예외 없이 윗사람의 비서나 경호원처럼 행동한다. 누군가의 목숨보다 윗사람의 권위가 더 중요하다. 힘센 권력자일수록 그의 심기에 나라의 명운이라도 걸린 것처럼 챙긴다. 그런 때 권력자 이외의 사람들은 투명인간이 돼 버린다. 투명인간들의 고통이나 간절함이 눈에 들어올 리 없다.

대통령이 진도체육관에서 관계자들을 병풍처럼 세우고 실종자 가족들과 얘기할 때 나는 대통령이 사회복지시설을 방문한 자리인 줄 알았다. 이 나라에서 힘깨나 쓴다는 이들이 둘러서서 대통령의 말을 듣는 태도도 그랬고 추임새처럼 손뼉을 치는 장면에서도 그랬다. 지옥 속에 있는 가족들의 고통은 안중에 없고 자기 윗사람의 말에만 반응한다.

이번 사고로 희생된 학생의 빈소를 찾아간 교육부 장관의 수행원은 잽싸게 빈소 앞에 다가가 유족에게 '장관님 오신다'고 귓속말을 전했다가 사람들의 분노를 샀다.

그런 식이다. 개나 줘버릴 관행이든 자리보전의 본능이든 관료들에겐 누군가의 죽음보다 윗사람의 심기나 의전이 더 중요하다. 어린이공원 개장식 행사거나 아이 목숨에 발 동동거리는 현장이거나 똑같다. 윗사람의 심기 말고는 아무 관심이 없으니 누군가의 고통에 공감하거나 해결책 마련에 힘이 안 실린다.

언론을 구슬려 '대통령께서 밤새 뜬눈으로 사태를 지켜보고 있다'는 따위의 보도를 내보낸 게 큰 성과라고 생각하는 관료들이 현장 구조를 지휘하고 감독하니 이런 지옥도가 펼쳐진다.

사고가 나던 날, 유족들과 실종자 가족들은 이미 죽었다. 그걸 지켜보는 국민들도 함께 죽었다. 지금부터 나라의 명운을 걸고 해야 할 일이 있다면 생존자들과 유족들, 실종자 가족들의 몸과 마음을 죽을힘을 다해 지켜내는 것이다. 그래야 국민들도 산다. 그마저 윗선의 심기를 헤아리며 미적거린다면 우리에겐 국가가 없는 게 맞다. 더이상 그런 곳에서 살 수는 없다.

이제 못 돌아간다

내 자식이, 부모형제가 눈앞에서 죽었다. 처음엔 분명히 살아 있었다. 살릴 기회가 충분했다. 하지만 단 한 명도 살리지 못했다. 그렇게 300여 명이 학살당하듯 수장되는 현장을 수천만 명이 느린 화면으로 지켜봤다. 희생자 대부분은 열일곱 살 꽃봉오리들이었다. 어떻게 잊나. 사고 한 달여 만에야 검찰은 '해경이 즉각 진입했으면 다 살릴 수 있었다'고 결론 내렸다. 그걸 이제 아나.

세월호 참사에서 사람들 무릎을 꺾은 치명적인 2차 트라우마는 정부의 무책임하고 무능한 대응과 거기에 장단 맞춘 언론의 부도덕함이었다. 내가 눈앞에서 지켜봤고 확인한 사실을 그들은 아니라고 도리질했다. 내가 지각한 사실과 상반된 정보가 계속 입력되면 현재감각에 문제가 생긴다. 내가 이상한 건가, 혼란스럽다.
'당신 눈을 믿으면 되나, 정부 발표를 믿어야지.'

그렇게 정부와 언론은 합작해서 협박하듯 타이르듯 사람들의 분노와 절규를 외면했다. 그 결과 세월호 트라우마는 더 지독해졌다.

  세월호 주인이 대통령도 아닌데 왜 정부 탓만 하느냐, 유족이 무슨 벼슬도 아닌데 이렇게 생난리를 쳐도 되느냐고 게거품을 무는 작자들까지 생겼다. 생난리를 친 것도 없지만, 미친 질문에 한번만 정상적으로 대답해준다. 그래도 된다. 그런 때 그런 슬픔과 고통을 충분히 받아주라고 공동체가 있고 국가가 존재하는 것이다.

  자식이 눈앞에서 학살당하듯 죽었다. 그런 상황에서 부모로서 아무것도 해주지 못했다고 생각하면 살아 있다는 것 자체가 이미 지옥이다. 그러므로 인간의 사회라면 무엇보다 먼저 유족을 배려하는 게 옳다. 하지만 정부는 그렇게 하지 않았다. 수재민이나 사회 불만세력 정도로 치부했다. 난민수용소 같은 체육관에 방치했고 대통령 면담하러 온 유족들을 경계하며 물대포부터 준비했다.
  대통령이 몇 시간씩 공을 들인다는 머리를 틀어 올리는 중이었어도 아이들 영정을 품에 안은 유족들이 찾아왔다는 소식을 들었다면 산발한 채로라도 달려 나와 손잡았어야 했다. 대신 경찰은 학익진 대형으로 유족들을 거리에 가뒀다.

자식 잃은 부모들은 이제 아이들과 돼지갈비를 먹으러 갈 수도, 목욕탕을 갈 수도, 용돈을 줄 수도 없다. 다 사라졌다. 그 일상으로 못 돌아간다. 오전에 아이의 사망신고를 한 부모가 오후에 찾아와 "내가 미쳤나 보다. 너무 빨리 했다."고 통곡하며 사망신고를 취소해 달라고 한다. 한 엄마는 "없는 집에 너같이 예쁜 애를 태어나게 해서 미안해. 엄마가 지옥 갈게, 딸은 천국에 가."라고 피울음을 토한다.

그런 이들에게 언제까지 슬퍼만 할 수 없지 않느냐며 경제도 위축되었으니 빨리 털고 위기를 극복하자고 말하는 건 미친 짓이다. 아직 숨이 붙어 있는 사람 앞에서 유산배분을 논하는 꼴이다.

수백 명의 주검이 묻혀 있는 땅 위에 놀이동산 짓는다고 밝은 사회 오지 않는다. 그렇게 잊힐 일이 아니다. 지금은 더 슬퍼해야 한다. 정상적인 애도의 과정이다. 어느 시인은 울음의 끝에 슬픔이 무너지고 길이 보인다고 했다. 유족들의 슬픔에 합일할 수 있어야 우리가 내놓는 해법은 정확해진다.

대한민국의 역사는 세월호 침몰 이전과 이후로 나뉠 것이다. 세월호 트라우마의 파괴력이 그런 정도다. 이제 우리는 세월호 침몰 이전의 삶으로 돌아갈 수 없다. 그걸 인정하고 그다음에 무얼 할 수 있는지 찾아야 한다. 업보처럼 견뎌내야 한다.

하지만 지금 무엇보다 먼저여야 할 것은 애도다. 아이들이 컴컴하고 차가운 바닷속에서 꽃송이로 훨훨 날아올라야 한다. 남아 있는 사람들 마음속에 그런 느낌이 들어야 한다. 모든 새 출발에 대한 논의는 그다음부터다. 거기서 시작돼야 한다.

어떻게 골든타임을
거론하나

분노가 총알처럼 솟구치는 느낌이었다. '지금이야말로 경제를 다시 세울 수 있는 마지막 골든타임'이라는 대통령의 시정연설 한 대목에서 그랬다. 경제의 중요성을 강조하기에 맞춤할 표현으로 생각한다 해도 지금 '골든타임'이란 단어를 그렇듯 가볍게 사용해선 안 된다.

세월호 사건에선 결과적으로 골든타임이 참사의 시간이었다. 필사적으로 구조에 임했어야 할 모든 공조직이 '일사불란'하게 손을 놓고 있는 동안 304명이 수장됐다. 그중 250명은 열일곱 살의 아이들이었다. 중간 수사 결과 10분 정도면 승객 전원이 탈출할 수 있었다. 그런데 10분의 몇십 배가 되는 시간 동안 배가 물 위에 떠 있었음에도 단 한 명도 구조되지 못했고 그걸 전 국민이 생중계로 지켜봐야 했다.

지금 우리에게 골든타임이란 고통과 회한의 단어다. 트라우마에 가까운 단어다. 그럴듯한 표현이라고 여기저기 써먹을 단어가 아니다. 대통령 말 한마디 듣자고 하룻밤을 꼬박 새운 유족들에게 눈 한 번 맞추지 않고 국회 안으로 들어가 버린 대통령이 쓸 단어는 더더욱 아니다.

야당을 대표한다는 이가 건넨 '개헌에도 골든타임이 있다'는 말도 예의 없음의 차원에선 도긴개긴이다. 경제 살리기 골든타임 따위의 표현이 적절하지 않았다고 지적했어야지 개헌 골든타임으로 장단을 맞추는 행태는 어이가 없다.

축구나 야구의 영구결번 관습처럼 당분간 골든타임이란 단어가 경제나 개헌, 인간관계의 위기를 상징하는 비유어로 쓰이지 않아야 하는 거 아닌가 하는 생각까지 든다. 비유가 강렬하다고 '정치적 위안부'나 '공천 홀로코스트' 같은 단어의 조합을 사용해서는 안 되는 이유와 비슷하다. 아이들의 마지막 순간이 얼마나 괴로웠을지에 대한 생각으로 여전히 지옥에 있는 부모들의 마음을 헤아린다면 그건 기본 예의에 속한다.

골든타임이 완전히 사라졌다고 판단한 4월의 어느 날 한 엄마가 바다를 보며 아이를 타일렀다고 했다.

"아가야, 그만 버티고 가거라. 살아 있어도 구해줄 것 같지가 않아. 그만 가서 쉬어."

안산 '치유공간 이웃'에서 유가족을 만나고 있는 치유자 정혜신의 말에 의하면 세월호 엄마들이 보이는 공통된 감정 중 하나는 당황스러움이다. 미치도록 보고 싶은 마음도, 숨이 멎을 것 같은 통증도 시간이 지나면 엷어질 줄 알았는데 더 또렷해지니까 당황스럽다는 것이다.

그들에겐 오늘이 11월 4일이 아니라 203번째 4월 16일이다. 상징이 아니라 실제로 그렇게 느끼고 있다. 그러니 세월호 지겹다는 얘기를 그들은 이해하지 못한다. '왜 하루도 안 지난 일을 지겹다고 하는 걸까' 의아할 수밖에 없다. 그러면서 동시에 내 현실감각에 문제가 있는 건 아닐까 하는 느낌 때문에 '내가 미쳤나. 미쳐가고 있나' 불안해하고 혼란스러워한다. 그런 이들에게 경제 골든타임, 개헌 골든타임 따위의 말들은 잔인한 칼질이다.

박 대통령은 한 야당의원의 대통령 사생활 발언에 대해, 국민을 대표하는 대통령에 대한 모독적 발언이 그 도를 넘고 있다며 그것은 곧 국민에 대한 모독이기도 하다고 분노한 적이 있다. 그런데 거꾸로, 대통령의 어떤 발언이나 행동으로 국민이 극단의 모욕감이나 분노를 느낄 수 있다는 생각은 한 번도 해본 적이 없는 모양이다. 세월호의 고통과 구조의 골든타임에 대해선 단 한 마디도 언급하지 않은 채 경제를 살릴 '마지막 골든타임' 운운하는 대통령의 무정한 말을 듣는 국민의 마음은 어떻겠는가. 국민에 대한 대통령의 모독적 발언이 도를 넘었다고 느낄 수밖에 없다.

시간이 가면서 더 또렷해지는 기억 때문에 혼란스러워하는 엄마들에게 정혜신은 이렇게 말해준다고 한다.

"6개월이 아니라 60년이 지난다고 아이가 잊히나요. 엄마에게. 지금이 정상이에요."

그러면 희미하게 안도한단다. 손 놓아 버린 세월호 골든타임에서 비롯한 끔찍한 고통을 지금 가족들은 그렇게 견디고 있다. 아무데서나 골든타임 운운하면 안 된다.

함께

상처 입고 눈물 흘리는 사람이 거기 있다.
그렇다면 우리는 여기 있다고, 우리가 가겠다고
화답해야 사람 사는 사회다.
혼자 가는 열 걸음보다도
열 사람이 함께 가는 한 걸음이 더 소중하다.
손 꼭 잡고 함께 있는 것만으로도
우리는 단단하다.

내 마음을
빌려주는 날

서울 강남의 한 음식점 앞. 고급 외제차를 탄 중년 부인이 내리자 주차
요원의 태도가 더없이 사근사근하다. 5분도 안 돼 또래 여성이 탄 국산
레저용 승용차가 도착했는데 주차요원의 태도가 전혀 다르다.

"아줌마, 거기 그냥 두고 내리시라니까요."

내가 문득 충격을 받은 것은 과잉친절을 받은 이나 퉁명스러움에
노출된 이나 그걸 행한 이나 아무도 그런 상황을 불편해하지 않는다
는 사실이었다.

단지 타고 온 자동차만 봤을 뿐 얘기 한 번 나눠본 적 없는 사람들
에게 주차요원은 무슨 기준을 적용한 것일까. 만일 사람을 판단할 때
돈이 아니라 인간의 훌륭함을 대표하는 특징이라는 너그러움, 정의,
배려, 지혜 등의 잣대를 적용한다면 얘기는 전혀 달라진다. 그런 특
징들이 명징하게 드러나는 환경에서 각자가 그에 합당한 인격적 대

우를 받는 세상은 생각만으로도 흐뭇하다. 그것이 단지 발랄한 상상에 그치는 것이 아니라 보편성을 띤 가치나 태도로 공유될 수 있는 공동체가 진짜 사람 사는 사회라고 나는 생각한다.

선배의 어머니가 이명박 후보를 지지한 이유는 단순하다. 돈 많고 성공한 사람이니까 돈에 집착하지 않고 서민이 잘 사는 정책을 펼 것이란 나름의 이유에서다.

그녀는 탐욕의 속성을 간과한 듯싶다. 97개 가진 사람이 수단 방법을 가리지 않고 3개를 끌어 모아 100개를 채우려는 전투적 욕망은 3개 가진 사람의 소박한 꿈과는 차원이 다르다. 소박한 꿈은 전투적 욕망을 당해내지 못한다. 결국 소박한 꿈조차 이루지 못하면서 탐욕의 태도만 내면화한다. 1930년대 미국의 최고경영자와 일반 직원의 임금 차이는 40배였는데 현재는 그 차이가 340배가 넘는단다. 탐욕의 한 상징적인 결과다.

반값 등록금 집회에 참석한 20대 젊은이들이 물대포 맞는 상황은 기성세대로서 부끄럽고 아리다. 하지만 한쪽에선 왜 공권력이 물대포까지 쏘게 만드느냐고 혀를 찬다. 부자감세의 도가 지나치다고 비판하자 한쪽에선 세금폭탄 때문에 부자들이 다 외국으로 나가 깡통 대한민국이 되면 어쩔 거냐고 종주먹을 들이댄다.

투표란 내 희망과 간절함, 기대와 설렘을 누군가에게 위임하는 행위의 또다른 이름이다. 내 마음을 빌려주는 일이다. 투표 안 한다고 경찰 출동하지 않고 쇠고랑 차지 않는다. 투표 참여만이 절대정의도 아니다. 하지만 내 마음을 빌려주는 일에 소홀하면 내 뜻과 정반대로 진행되는 일들을 수시로 접해야 하고 그저 분노하고 기막혀하며 뒷전에서 구시렁거리는 경우가 많아지는 건 확실하다. 정신건강에도 좋을 게 하나 없다.

자동차 접촉사고가 났을 때 상대편이 몸에 문신을 하고 있는 종류의 사람이면 움찔하게 된다. 분노와 짜증을 최대한 자제하면서 협상한다. 상대방이 보유하고 있을 무력을 경계해서다. 어떤 연구의 결과다.

선거라는 행위도 그와 비슷하다. 내 마음을 빌려주는 일을 대수롭지 않게 여기면 정치·행정 권력을 장악한 이들은 어이없을 정도로 무례해진다. 우리가 익히 경험한 일이다.

우리가 보유할 수 있는 무력은 투표를 통해 내 마음을 잘 빌려주는 일이다. 어떤 집단이 권력을 장악하든 내 마음을 빌려주는 일에 적극적이란 그 사실만으로도 권력집단은 긴장할 수밖에 없다. 최소한의 눈치를 보고 예의를 지킨다.

시인 이문재는 '말없이 누군가의 이름을 불러주기만 해도/ 나는

결코 혼자가 아니라는 사실을 받아들이기만 해도/ 기도하는 것'이라
노래했다. 시인의 언어를 빌려 표현해 보자. 내 마음을 빌려주는 일
에 동참만 해도 기도하는 것이다.

'이창한 판사'들을 기대한다

청소년들이 친구를 집단적으로 따돌리는 왕따 현상이 갈수록 집요하고 잔인해지고 있다. 며칠 전에도 친구 두 명에게 괴롭힘을 당하던 중학생이 스스로 목숨을 끊었다. 가장 큰 문제는 가해학생들이 아무 죄의식이 없다는 것이다. 피해자들이 겪을 고통에 무감각한 것은 물론, 또래끼리 있을 수 있는 놀이의 일종인데 사람들이 왜 이렇게 난리를 치는지 의아하다는 표정이다. 그런 사회에서 사람의 숨결대로 사는 일은 불가능하다.

　대한민국 사법부의 몇몇 행태는 왕따 가해학생들과 비슷하다. 자신들이 내린 판결로 피고인들이 어떤 고통을 겪을지는 전혀 상관 않는다. 판사로서 자신들의 사회적 권위와 이익에만 집중하는 느낌이다.

　서울중앙지검 앞에선 한겨울에 빨간 장미 수천 송이가 만개하는 장관이 연출됐다. 수감되는 정봉주 전 의원을 격려하는 '굿바이 정봉주' 행사장의 일이다. 일부 보수언론은 사법부에 대한 쓰레기 수준의 협박이라고 매도하지만, 국민의 상식과 법 감정을 무시한 대법원의 유죄 확정 판결이 몰고 온 국민들의 필연적 거사다.

그 현장에서 '정봉주가 없는 곳이 감옥'이라고 연설했던 노회찬 전 의원은 두 달 전 안기부 엑스파일 사건으로 일부 유죄 선고를 받았다. 범죄 현장을 신고했는데 범죄에 가담한 사람들은 모두 면죄부를 받고 범죄를 고발한 사람만 범죄자가 되는 어이없는 상황. 이 또한 대한민국 사법부의 부조리한 작품이다.

허위사실 유포 혐의로 구속되었다가 104일 만에 무죄로 석방된 인터넷 논객 미네르바의 피맺힌 고백은 가슴을 때린다.

"이번 일로 저와 가족이 파괴됐습니다. 항우울제 등으로 하루하루 버티는 상황입니다. 도대체 어떻게 살아야 할지 모르겠습니다."

당시 사법부는 검찰의 무리한 짜맞추기 수사에 발맞추어 피고인이 겪을 고통은 아랑곳없이 사법부의 위엄만을 과시했다. 공익을 해칠 목적으로 인터넷에 허위사실을 유포한 혐의가 있다며 구속영장을 발부했고, 범죄의 중대성과 증거인멸 등을 이유로 구속적부심사 청구를 받아들이지 않았으며, 도주할 우려가 있다며 보석 신청을 기각했다. 그 결과 빛나던 한 젊은 논객은 집에서도 모자를 쓰고 지내며 두려움 때문에 혼자서 외출조차 쉽지 않은 지경이 됐다.

얼마 전, 일제강점기에 독립운동가에게 실형을 선고한 판사의 행위도 친일에 해당한다는 상급심 판결이 나왔다. 당시 실정법을 따랐더라도 반대 의견 등을 내지 않았다면 적극적인 친일행위로 봐야 한다는 것이다. 하지만 같은 사안에 대해서 친일이 아니라고 판단한 1심 재판부의 관점은 전혀 다르다. 판사는 검사가 기소한 적용 법령과 공소사실을 기초로 유무죄와 형량을 결정하는 역할만을 하므로 죄가 없다는 것이다.

동업자 방어 논리에 치중하다 판사 스스로를 자동판매기 같은 판결기계로 비하한 느낌이다. 우리는 우리 삶의 가장 중차대한 고비들을 그런 판결기계들에 맡길 수는 없다. 지혜로우면서도 다정한 판관이 억울한 사람이 없도록 공감력을 발휘하는 세상이 꼭 꿈일 필요가 있는가.

며칠 전, 간첩사건에 연루돼 억울한 옥살이를 하고 숨진 어부들*이 재심에서 무죄를 선고받았다. 유족이 참석한 법정에서 이창한 재판장은 '인권의 최후 보루여야 할 사법부가 제 역할을 하지 못해 억울한 피해자를 낳은 것에 대해 사법부의 일원으로 깊이 사과한다'

---

* 박모 씨는 1972년, 김모 씨는 1982년 각각 연평도 근해에서 고기잡이 중 남북됐다가 귀환했으나 정부는 이들에게 간첩혐의를 씌워 징역 4년, 10년 등의 실형을 선고, 복역 후 출소해 숨졌다.

고 말했다. 울컥.

어느 영화의 여주인공처럼 국민들이 사법부에 별을 따다 달라고 하는가, 달을 따다 달라고 하는가. 억울하게 상처받는 사람이 없도록 공정하게 판결해 달라는 것뿐이다. 공감해 달라는 것이다. 설마, 이창한 판사만 판사인 나라에 우리가 살고 있겠는가. 그렇게 믿고 싶지는 않다.

국민은
투명인간이 아니다

유명인들의 사진과 맛 소감이 덕지덕지 붙어 있는 식당에서 밥을 먹다가 내 입엔 간이 맞지 않는 거 같아 주인에게 말했더니 대답이 가관이다.

"그거 현빈도 맛있다고 한 건데……."

그 말을 전하는 주인의 얼굴에는 의아함과 짜증이 역력하다. 폭발하지 않을 도리가 없다. 유명인들의 취향과 내 입맛이 무슨 상관인가.

세상에 이름 없는 사람은 없을 터이니 무명씨는 유명인의 반대말쯤 될 것이다. 대한민국은 그 이분법적 인적 구성이 정점에 달한 사회다. 공인이란 개념도 지위에 걸맞은 책임과 권한에 의해서가 아니라 얼마나 유명하냐에 좌우될 정도다. 대중의 관심이 폭발적인 여고생 가수에게 공인의 책임의식을 강요하고 해병대를 자원한 인기 절정의 연예인은 사회지도층 인사로 격상된다. 그렇게 따지면 신창원도 공인이고 뽀로로도 사회지도층이다.

대한민국이라는 사회에서 유명인과 무명씨의 관계는 병적일 정도로 비대칭적이고 비상식적이다. 대기업과 중소기업의 불편부당한 공생관계 같다. 무명씨들은 닥치고, 찬양하고, 복종하라는 구조다. 투명인간 취급한다.

로마의 귀족들은 노예가 있건 말건 그 앞에서 모든 일을 했다. 심지어 배설이나 섹스까지 거리낌없었다. 노예를 사람으로 보지 않고 짐승이나 투명인간 정도로 취급해서 그렇다.

세계적 핵물리학자가 피교육생 신분으로 앉아 있는 민방위 교육장에서 원전의 경제성과 안전성을 한 치의 머뭇거림 없이 강요하는 민방위교육 전문 강사에게 자신 앞에 앉아 있는 모든 이들은 무명씨다. 자기보다 생각이 짧고 존재감이 느껴지지 않는 투명인간에 가깝다. 계몽질과 훈계질의 대상에 불과하다. 유명인으로 대변되는 권력자들은 무명씨들에게 자신의 생각을 잘 알리기만 하면 흰 꽃도 까만 꽃으로 인식시킬 수 있다고 자신한다. 착각이다.

한 미국 영화에서 자신의 경제적 이익을 위해 민간인 학살까지 서슴지 않는 상원의원은 정의와 진실을 요구하는 사람들에게 '진실은 내가 정한다'며 코웃음 친다. 무명씨들을 투명인간으로 생각하기 때문에 할 수 있는 발언이다. 공정사회를 '공무원이 정하는 사회'로 재규정하는 시중의 우스개에 가슴이 서늘해지는 것은 그래서다.

내가 누군가에게 무명씨로 취급받을 때 그 모욕감과 낭패감은 제어하기 어렵다. 종내에는 부당하고 억울하다는 느낌으로 이어지기 때문이다. 투명인간이 아닌 한, 어느 시인의 절규처럼 '가슴이 못질을 알아본 날'들로 살아갈 수는 없다. 부당하고 억울한 감정은 사람을 분노케 하고 무릎 꺾이게 한다.

살아생전 작가들의 스승으로 추앙받던 한 소설가는 '이름 없는 들꽃들이 지천으로 피어 있다' 따위의 표현을 엄하게 질책했다. 세상에 이름 없는 꽃은 없다는 것이다. 무지하거나 관심이 없어서 모를 뿐이라는 것이다. 사람에 이르면 더 말해 무엇하겠는가.

무명씨의 개념이 아무렇지도 않게 통용되는 사회는 지속되기 어렵다. 유명인 정우성이 땀을 닦은 손수건엔 열광하고 무명인의 피눈물이 묻어 있는 손수건은 거들떠보지 않는 사회에서 제대로 된 사람으로 살아갈 수 있는 방법이란 단언컨대, 없다.

데이비드 소로는《시민불복종》에서 '우리는 시민이기 이전에 사람이어야 한다'고 했다. 시민이라는 역할 이전에 단독자로서 자신의 인간적 품위와 존엄을 지키는 게 더 우선한다는 의미일 것이다.

우연한 기회에 쌍용자동차 문제와 관련해 만난 몇몇 이들은 유명하지 않지만 내 가슴에 태산처럼 우뚝하다. 불러보자. 고동민, 김득

중, 이창근, 권지영, 이정아, 김혜현, 엄태기, 송소연…….

저 홀로, 인간의 품위와 존엄의 가치를 깨닫고 실천하는 사람들이라서 그럴 것이다. 그들을 단지 이름 없는 해고노동자, 가족, 자원봉사자, 치유자의 큰 테두리에서만 보면 절대 알 수 없는 일이다. 하나하나 이름을 불러봐야 안다.

주변의 다정한 이름을 열 명만 되뇌어보시라. 그 이름들이 모이면 결국 그것이 당신의 얼굴이다. 세상에는 단 하나의 무명씨도 존재할 수 없다는 당연한 사실을 소스라치게 깨닫게 될 것이다.

귀족이 노예에게 있는 힘껏 달리라 명령한다. 그 뒤에선 귀족의 어린 아들이 활을 겨냥하고 있다. 열 발을 쏠 동안 잘 피하면 살 수 있고 그러지 못하면 죽는다. 이런 상황이 벌어진 이유는 간단하다. 왠지 아침이 꿀꿀한 귀족 아들의 기분전환을 위해서다.

문화방송이 '피디수첩' 작가 6명 전원을 해고했다는 소식을 접하면서 문득 이런 야만의 풍경이 떠올랐다. 상상과 비유가 지나친가. 아니다.

문화방송 사쪽이 '피디수첩' 22년 역사상 처음이라는 잔혹극을 벌이면서 내세운 이유도 간단하기는 마찬가지다. 파업 후 꿀꿀해진 시사제작국의 분위기 쇄신을 위해서라나. '피디수첩' 경력만 4~12년인 베테랑 작가 6명 전원을 해고한 이유가 그렇다. 개념 상실이다. 본심을 감추기 위한 막말이라 해도 누군가의 밥줄을 끊으면서 또 오랜

인연을 정리하면서 '분위기 쇄신 차원'이라고 말하는 그 후안무치와 무지는 끔찍하다. 아들의 기분전환을 위해 노예에게 죽음의 달음박질을 강요하는 이들과 무엇이 다른가.

언론의 사명과 자유를 짓밟는 행위라는 공적 영역의 날 선 비판조차도 나에겐 뒷전이다. 지금 우리가 사는 곳에선 자기보다 조금이라도 힘이 없는 이들에게 이런 일들을 아무렇지도 않게 저지른다고 느껴서다.

프리랜서로 방송사에서 고용 형태가 가장 취약한 방송 구성작가를 겨냥한 문화방송의 행태는 잔인하고 비열하다. '피디수첩' 작가들은 해고통보조차 본인이 직접 듣지 못했다. 타 방송사에 있는 동료 작가들이 전화를 걸어 '피디수첩'에서 작가를 구한다는데 누가 나가느냐고 물어서 알았단다.

자신이 속한 집단으로부터 배제 당한다는 사실을 그런 식으로 알게 되는 이들의 심정을 한번이라도 헤아려 봤다면 절대 그렇게는 못한다. 휴대전화 문자로 해고통보를 해서 지탄을 받았던 어느 회사가 그나마 인간적으로 보일 정도다.

모든 사람은 누군가와 관계에선 상대적 약자가 되게 마련이다. 분위기 쇄신 차원에서 누군가의 마음에 비수를 꽂으면 다른 관계에선 자신이 분위기 쇄신을 위해 정리되어야 하는 당사자가 된다. 토사구팽의 의미와는 좀 다른 어쩌면 의자놀이에 가까운 구조다.

사람 수보다 의자 수를 적게 놓은 채 빙빙 돌다가 신호가 떨어질 때 의자를 차지하지 못하는 사람이 탈락하는 게 의자놀이다. 현대사회의 의자놀이에서는 시간이 갈수록 의자의 개수가 점점 준다. 7개에서 5개에서, 이젠 2개까지 줄었다는 느낌이다.

10명 중 8명은 아무리 열심히 해도 어차피 앉을 수 없다. 앉을 수 없는 이들끼리 상처 내고 상처 받는 악순환의 구조다. 의자놀이의 관점에서는 이번 '피디수첩' 해고사태와 쌍용차 사태 등이 조금도 다르지 않다.

의미 있는 책 한 권이 세상에 나왔다. 《의자놀이》라는 책이다. 2009년 쌍용차 2646명의 해고 발표 이후 시작된 77일간의 옥쇄파업과 그 후 22번째 죽음까지의 아린 과정을 작가 공지영이 호흡을 골라가며 르포 형식으로 기록했다. 지옥 같은 의자놀이를 강권했을 때 어떤 일이 생기는지, 우리 모두의 의자를 위해 우리가 해야 할 일은 무엇인지를 함께 고민해보자는 절박한 권유다.

의자놀이를 강권하는 사회에서 모두가 살아남는 방법은 의외로 간단하다. 내가 먼저 그 의자놀이를 거부하면 된다. 나는 특수한 경우라서 어쩔 수 없다고 핑계 대지 않으면 된다. 이 방법으로는 결국 그 의자에 앉을 수 없다는 사실을 명확하게 인식하면 된다. 그런 죽음의 놀이에 동원되어도 괜찮은 사람이란 존재하지 않는다는 사실을 살갗으로 느끼면 된다. 그다음 단계의 현실적 해법은, 이원재나 윤석천 같은 통찰력 있는 경제학자들이 답해 달라.

우리는 떠받들어야 할
신을 뽑은 게 아니다

텔레비전을 통해 본 대통령직인수위원회의 한 풍경은 당혹스럽다. 당선인은 말하고 모든 인수위원들은 거의 속기사 수준으로 그걸 받아 적고 있다. 연령이나 직책에 상관없다. 일사불란하다.

분과별 토론회에서 박근혜 당선인이 한 번에 쏟아내는 발언의 양은 16절지로 10장쯤이라는데 그걸 죄다 받아 적는 것처럼 보인다. 고개 한번 제대로 들 새도 없는 게 당연하다.

나중에 동영상을 확인하거나 기록물을 보면 다 알 수 있는데 한국어 검정시험이라도 보는 것처럼 왜 그렇게 미친 듯 적고 있는지 의아하다.

대통령 후보 시절과 당선인의 발언에 대한 반응이 전혀 다른 게, 예우 차원일 수 있다는 항변은 옹색하다. 상황에 압도되고 권위에 짓눌린 권위주의적 행태일 따름이다. 그건 당선인의 경호나 의전이 후보 시절과 다른 것과는 다른 차원의 문제다. 당선인의 말에 머리 조아리듯 일사불란하게 반응한다고 내용이 더 실해지는 것도 아니지 않은가.

개인적으로 이번 인수위원 중에서 관련 분야에 대한 지식의 폭이나 합리적 태도에 끌려 기대가 많은 세 명의 인물이 있다. 그런데 그들도 예외 없이 당선인의 말을 초등학생처럼 적고 있는 광경을 보며 괜히 나 혼자 부끄러웠고 권위주의적 상황에 압도되는 무리의 일사불란함에 전율했다. 그런 광경이 제3자에게 어떤 식으로 보일지에 대한 성찰조차 작동하지 않는 상황은 심히 우려스럽다.

오래전 고위 임원들의 조인트를 까면서 훈시하는 회장의 녹음파일을 신입사원 교육용으로 쓴 기업이 있었다. 엽기적 상황이지만 그게 외부로 유출되어도 개의치 않았단다. 외려 자기네 회장의 권위와 카리스마를 과시하는 좋은 기회로 생각했다나.

이런 수직적이고 권위주의적인 리더십이 활개치는 세상에서 소통 운운하는 건 사치다. 결국엔 폭력적인 방법으로 자기네 보스의 권위를 모든 사람에게 강요하는 일도 일상적이 된다.

담뱃불을 붙이다가 대통령을 놀라게 했다고, 대통령 선배인 이가 반말했다고 장관을 불러다 두들겨 팬 유신시절의 조폭 행동대장 같은 경호실장이 괜히 나오지 않는다.

얼마 전 방송통신심의위원회에서 〈개그콘서트〉 출연진에게 내린 행정지도 처분은 그런 점에서 더없이 불길하다. 박근혜 당선인에게 훈계조 반말을 했다는 게 징계의 이유인데, 아직 국정을 시작하지도 않은 대통령 당선인에게 훈계조로 발언한 것은 바람직한 정치풍자가 아니라는 것이다. 나는 청와대 경호실에서 심기경호 기능을 방통심의위에 이관한 줄 알았다. 이런 심기경호대를 자처하는 조직이 도처에서 나올까봐 걱정이다.

청와대 경호실을 장관급으로 격상한 것이 시대착오적이란 세간의 우려가 단지 기우였음을 증명할 수 있는 사람은 박근혜 당선인 본인밖에 없다.

리더의 위대함을 찬양하거나 탄신을 축하하는 따위의 매스게임을 위해서 수만 명 동원쯤은 당연하게 생각하거나 그런 사실에 문제를 제기하는 사람을 불순분자로 간주하는 사회에서 한 개인이 자기의 존엄성을 유지하면서 살기는 어렵다. 권위주의 제1의 폐해는 그것이 한 개별적 인간이 행복하게 살 수 있는 토양을 철저하게 부정한다는 데 있다.

지난 대선 기간 중 박근혜 후보의 시장 방문 프로젝트는 매우 인상적이었다. 후보가 시장을 방문하기 전 미리 상인들에게 양해를 구하고 탐방이 끝나고 후보가 돌아가면 실행팀들이 시장을 쭉 돌면서 장사를 못한 그만큼 물건을 구매해 주었단다. 적당한 긴장관계와 상대에 대한 배려가 그나마 살아있다는 느낌이다. 거기에 권위주의는 조금도 없다.

대통령이 되었다고 그러지 못할 이유가 무엇인가. 우리는 떠받들어야 할 신이나 세습 왕족을 뽑은 게 아니라 국민을 대표한다는 대통령을 선출했을 뿐이다.

아이들의 행복지수가
꼴찌인 나라

아이가 말했다.

"엄마, 반에서 왕따 당하는 애가 있어. 걔한테 말 시키면 같이 왕따 시켜서 걔는 친구가 하나도 없어. 어쩌면 좋지?"

엄마가 망설이다가 말했다.

"걔하고 놀지 마. 그러다 너까지…….."

다음날 그 말을 한 아이가 죽었다. 아이는 자신의 얘기를 엄마에게 털어놓은 거였다.

언젠가 실화를 조금 가공해서 내가 트위터에 쓴 글이다. 5000회가 넘게 전파됐다. 왜 그토록 많이 퍼진 것일까. 그 글과 관련해 가장 많이 받은 질문은 '그게 실화인가?'이다. 뻔히 알면서도 외면하고 싶은 가 보구나, 하는 느낌이 강하다. 현실로 받아들이기 버거워서 그랬을 것이다.

아동·청소년기의 아이가 있는 부모라면, 이 나라의 교육환경이 얼마나 비인간적인지 체감하고 있는 부모라면, 지금 내가 부모로서 아이에게 어떤 존재일까 고민해본 적이 있는 부모라면 모든 이들에게 지옥도를 강요하는 이 비현실적인 현실 앞에서 가슴을 쓸어내릴 수밖에 없다.

그 지옥도를 조장하는 일에 나도 예외일 수 없다는 현실인식은 심장에 바늘이 후두둑 떨어지는 듯한 고통을 수반한다. 그런 고통을 감당하는 게 쉽지 않으니 외면의 방어기제가 강력하게 작동했을 것이다.

우리나라 아동청소년의 자살이 얼마나 심각한 문제인지는 너도 알고 나도 안다. 부연설명이 필요 없을 정도다. 특정 지역에서 1년 4개월 사이 중·고교생 13명이 집단따돌림, 학교폭력, 성적부담, 신병비관 등으로 스스로 목숨을 끊었다. "내 머리가 심장을 갉아먹는데 더 이상 못 버티겠다."고 절규한다. 그런데도 이 사회의 반응은 여름 소나기 피하듯 그때뿐이다.

"다른 학생들은 그 정도로 죽지 않는다. 그럼, 이런 상황에서 안 죽는 애들은 다 문제가 있는 거야?"

피해자의 문제로 몰아가는 듯한 끔찍한 진단이 지금도 단골메뉴처럼 등장한다. 아이가 자신의 이름을 스스로 선택할 수 없었듯 지금의 교육환경은 철저하게 어른들의 잘못과 욕심에서 비롯한 것인데 어찌 그렇게 무책임한가.

중학교 아이 수십 명을 무인도에 풀어놓고 살육전을 강요하는 일본 영화의 한 대사는 소름 끼친다.

"각자 나눠주는 무기로 한 사람만 살아남을 때까지 싸워라. 기간은 3일. 만약 제한시간까지 두 사람 이상 살아 있으면 목에 채워진 센서가 폭발해 죽는다."

상징으로서가 아니라 지금 우리의 교육현실이 바로 그렇다. 그런 상황에서 내 아이에게만 더 좋은 무기를 제공하기 위해 아등바등하거나 꼭 끌어안고 최후의 승자이길 기원하는 일은 무의미하다. 이 나라의 교육현실은 전쟁 같은 상황이 아니라 진짜 전쟁터다. 아무리 좋은 방탄복을 입혀봐야 소용없다. 전쟁을 끝내지 못하면 결국엔 다 죽는다. 전쟁을 끝내야 다 산다.

그 전쟁을 끝낼 수 있는 결정적 한 방은 어른들이 자신이 어른임을 자각하는 일이다. '어른이 있는 세상'을 만드는 것이다. 다 자라서 자기 일에 책임을 지는 사람이 어른이다. 아이들을 안전하게 보호하고 보듬고 사랑하는 일이 어른의 할 일이다. 지금의 우리도 그런 '어른성(性)'의 도움으로 아이의 시기를 건너왔다. 누구나 그렇다.

어른이라는 사람들이 아이들의 죽음에 이렇게 수수방관해서는 안 된다. 본능이라는 이유로 내 새끼만 살리겠다고 발버둥 쳐봐야 아무도 살리지 못한다. 겨우 살아나도 제대로 된 삶이 아닐 가능성이 높다. 학업성취도가 세계 최고인 우리나라 아이들의 행복지수가 꼴찌 수준이 된 건 벌써 오래전 일이다.

'무엇보다 우선해서 해결해야 할 가장 시급하고도 중요한 문제'라는 수식어는 이런 때 사용해야 하는 거다. '어른이 있는 세상'을 만들어야 아이들을 살릴 수 있다.

지연된 정의는
정의가 아니다

신문을 읽다가 나도 모르게 벙싯했다. 요즘 그런 뉴스를 접한 기억이 거의 없어서 그랬을 것이다. 서울행정법원이 내린 한 판결에 관한 기사다. 난민 신청을 낸 미얀마인이 서울출입국관리사무소를 상대로 자신에 대한 강제퇴거명령을 취소하라는 소송을 했는데 이겼다는 내용이다.

　한국의 난민 보호 수준은 오이시디 회원국 중 최하위로 지난 20년 간 난민으로 인정받은 이는 신청자의 6%에 불과하다. 심사 기간도 몇 년씩 걸린다. 그동안 난민 신청자들에 대한 생계지원은 전무하다. 그럼에도 취업을 하면 불법이다. 난민 신청자 중 절반 이상이 돈이 없어 식사를 거른 적이 있다고 고백했다. 단속 위험을 무릅쓰고 돈을 벌 수 밖에 없는 이유다. 그러면 법무부는 기다렸다는 듯 불법 취업 명목으로 잡아들여 추방한다. 서울행정법원의 판결은 그런 짐승 같은 행정 관행의 뒷덜미를 낚아채 주저앉힌 느낌이다. 오랜만에 법이나 제도가 아니라 사람이 중심이 되는 현장을 목격한 듯하다.

난민 신청자에게 제한 없이 취업 활동을 허가할 경우 난민 신청이 남용될 우려가 있다는 정부 쪽 입장에 대해 판결문은 통렬하고 인간적인 언어로 답한다. 남용의 원인은 행정 지체 상황에 있으므로 제도를 보완해 난민 신청의 남용을 막아야지 난민 신청자를 난민 인정 때까지 난민이 아닌 것으로 추정해 생계지원도 하지 않고 취업도 할 수 없게 하는 것은 문명국가의 헌법정신에 어긋난다는 것이다. 인간의 존엄성을 무시했다는 표현도 등장한다. '지연된 정의는 정의가 아니다'란 문장은 문학적 위엄까지 갖추고 있다. 문신처럼 가슴에 새기고 싶을 정도다.

그 정도로 행정의 획일성과 편의성을 내세우는 행정주체들의 횡포에 시달리면서도 그 불쾌한 느낌을 어쩌지 못하고 살아온 세월이 너무 길었다. 이 나라에서는 법과 제도가 늘 사람보다 우선했다. 애초 사람을 배려하고 보호하기 위한 것들이 외려 사람을 옥죄고 무시하는 수단으로 작동한다. 주객이 전도된 행정편의주의 사회다.

행정주체들은 근거가 없어서 어쩔 수 없다는 말을 입에 달고 산다. 그 근거는 대개 절차와 기록이다. 정작 그 혜택을 받아야 할 '사람'은 근거의 대상에서 제외돼 있다.

지금도 이른 편이지만 지난 수십 년 동안 교도소의 저녁식사 시간은 오후 4시 전후였다. 교도소 직원들의 근무교대시간과 그에 따른 재소자 점검의 편의를 위해서였다. 밥 먹는 사람에 대한 고려는 거기에 없다.

　우리나라에선 소방관이 현장에서 다치면 벌점을 받는다. 4주 미만 부상 사고가 발생하면 훈계, 4주 이상이면 경징계, 3회 이상이면 파면이다. 안전수칙을 지키게 해서 사고를 줄이자는 취지야 좋다. 하지만 규정대로 방화복, 헬멧, 안전화, 방화두건, 인명구조 경보기 등을 착용하지 않으면 벌점을 받기 때문에 다급한 상황에서 생명을 구하지 못하고 바라만 보고 있으면 말이 되나. 안 되는데 행정편의주의는 그런 끔찍한 코미디 같은 상황을 사람에게 강요한다. 그것도 상시적으로.

　행정 집행자들은 특수한 사례를 허용하면 남용이 될 수 있다며 짐짓 경계의 태도를 취한다. 아무리 양식이 풍족해도 근거가 없다면, 눈앞에서 굶어 죽어가는 이가 있어도 그것을 측은한 마음으로 지켜볼 수밖에 없다는 것이다. 짐승의 괴성이라면 그럴듯하고 인간의 말이라면 헛소리다.

　그런 의미에서 이번 판결은 단순히 난민 행정의 부조리를 질타한 것 이상으로 느껴진다. 사람이 중심이 되고 제도가 그에 따라야 하는 당연한 진리를 곱씹게 해준다. 서울행정법원 심준보 판사에게 경의를 표한다. 이 판례가 행정주체들에게 사람이 중심이 되는 착한 근거의 시발점이 되길 바란다. 꼭.

편안하게 기억돼야
잊지 않는다

세월호 얘기를 하다가 혼잣말처럼 중얼거리는 사람이 많다.

"정말 잊지 않았으면 좋겠다. 그런데 잊지 않을 수 있을까."

진심과 불안이 뒤섞여 있다. 벌써 무뎌지는 거 같다고 자책하기도 한다. 잊지 않기 위해 와신상담의 고사처럼 가시나무와 곰쓸개를 동원할 수도 없고 영화 주인공처럼 매번 자기 몸에 문신을 할 수도 없다. 잊지 말자는 다짐이나 잊지 않아야 한다는 의무감으로 해결될 문제가 아니다.

이제는 다시 그럴 수 없지만, 아이가 엄마 볼에 여드름투성이의 자기 볼을 비비던 기억을 엄마는 잊지 못한다. 잊힐 기억이 아니다. 기억의 속성은 안 잊는 것이 아니라 못 잊는 것에 가깝다. 못 잊는 기억마저 기억용량의 한계로 시간이 지나면 퇴색한다. 깜빡할 때도 있다. 그러니 당사자가 아닌 이들의 기억이 희미해지는 것은 어쩌면 당연한 일이다. 세월호 참사로 일상이 휘청일 만큼 많이 울고 분노하던 어떤 이는 스스로에게 묻는다고 했다.

'언제까지 잊지 않으면 되는 것일까'.

일상을 전폐하고 무언가를 계속 기억하는 일은 불가능하다. 그 기억이 내 일상의 한 풍경이 되어야 잊지 않을 수 있다.

자식을 잃은 부모들이 거리에 나서 진상규명 특별법 제정을 촉구하는 천만인 서명 운동을 벌이는 모습은 눈물겹다. 천만 명이 기억한다는 걸 보여주면 정부도 쉽게 넘어가진 못할 거 같아 나섰단다. 제대로 된 특별법이 제정되면 잊지 않은 것의 결과로 영문도 모른 채 죽은 이들의 억울함이 풀리고 우리가 살고 있는 사회는 어떤 식으로든 바뀐다. 그러면 우리는 자연스럽게 세상 떠난 아이들에게 고마움을 표할 수 있게 된다.

"고맙다. 우리가 너희 덕분에 바뀐 세상에서 산다. 이제는 억울한 사람이 더 이상 없게 됐다."

그렇게 아이들의 죽음이 우리의 일상으로 들어오면 자연스럽게 잊지 않게 된다. 그때까지 잊지 않으면 된다.

생후 1년도 안 된 아기를 잃은 엄마가 있었다. 사람들은 애초에 인연이 아니었다며 마치 아이가 세상에 존재하지 않았던 것처럼 빨리

잊으라고 위로했지만 엄마는 그런 말에 분노만 더해졌다고 했다. 엄마가 마음을 추스를 수 있었던 건 사연을 알게 된 어떤 이가 처음으로 아기의 이름을 물어본 다음이었다. 그리고 나서 아이가 얼마나 그리운지, 아이 없는 세상이 얼마나 아득한지 충분히 말하고 나니 엄마도 자신의 일상을 되찾고 아이도 더 길고 편안하게 기억할 수 있었다. 그런 게 애도다.

아기 이름을 물어봐주듯 그리운 이름을 잊지 않도록 잘 보살펴주는 일도 세월호를 잊지 않는 한 방법이다. 통증으로만 기억되면 회피하게 된다. 편안하게 기억돼야 잊지 않을 수 있다.

곧 월드컵이 시작된다. 또래들이 그러하듯 별이 된 아이들 중에 축구를 광적으로 좋아하는 아이들이 그렇게 많았단다. 거리응원을 하느냐 마느냐에 대한 찬반이 있다. 그럴 수 있다.

거리응원 하자. 대신에 빨리 소풍 간 아이들을 예술적인 방법으로 형상화해서 맨 앞자리에 앉히자. 꽃일 수도 있고 리본일 수도 있고 깃발일 수도 있고 그림일 수도 있다. 광장에 있는 형들이, 언니들이, 삼촌들이, 아빠들이 아이들과 함께 환호하고 아쉬워하자. 아이들도 위로받고 우리도 위로받는다. 각자의 가슴에 통증으로만 존재하던 아이들이 광장에서 편안한 기억으로 함께 부활할 수 있어서다. 그렇게 우리의 일상으로 들어온 아이들은 잊히지 않는다.

눈앞에서 아이들이 죽어가는 걸 보면서 우리는 아무것도 하지 못했다. 기억 속에서마저 그렇게 떠나보낼 수는 없다. 그렇게 보내면 남아 있는 이들이 제대로 살기 어렵다. 우리의 일상 속에서 아이들을 편안하게 기억하고 함께하는 방법을 찾아내는 일은 우리의 의무인 동시에 우리가 사는 길이다.

세월호 국정조사 현장에서 어느 의원은 참관한 유가족에게 삿대질까지 해가며 "유가족이면 좀 가만히 있어."라고 윽박질렀다. 아득한 장면을 보면서 뜬금없는 생각들이 이어졌다. 만일 씨랜드 참사 유가족 중 한명이 국회의원이 되었다면 세월호 참사를 막을 수 있었을까. 가혹한 왕따 행위로 군에서 죽은 아들이 있는 부모가 국회의원이 되었다면 총기 사고를 줄일 수 있었을까.

장담할 순 없지만 그런 사고가 줄거나 막아졌을 가능성은 충분하다. 그들은 절절함의 정도가 남달라서 그렇다. 당사자들이 권력을 가진 이들에게 호소하고 애원해도 바뀌지 않는 건 공감하지 못하기 때문이다. 공감하지 못하니 실천에 한계가 있을 수밖에 없다.

자기 문제에 대한 깨달음은 크게 보면 두 가지다. 책 보면서 '내가 이런 콤플렉스가 있었구나' 알게 되는 지적인 깨달음. 그런 얕은 아무 소용이 없다. 사람을 한 치도 변화시키지 못한다.

둘째는 '내가 그래서 그랬구나' 하는 감정적 충격을 동반한 정서적 깨달음. 사람은 그런 때 변한다. 움직인다. 알아서가 아니라 느껴서다. 그래서 가장 밀접하게 느끼는 사람이 가장 빠르게 변한다.

용산참사, 쌍용차, 강정, 밀양의 직접적인 관련자가 국회의원이 되었다면 지금처럼 그 사안들이 방치되지는 않았을 것이다. 실감하고 공감하는 정도가 남다르니 당연하다.

그럼 억울한 일이 있는 사람은 다 국회의원이 되어야 하나 따위의 논리적 딴죽으로 미리 단정 짓지는 말자. 아무리 많은 사람이 공감을 하고 목소리를 높여도 제도권 안에서 응답이 없을 땐 가장 절박하게 느끼는 당사자들이 나설 수도 있다. 그게 뭐가 문제인가.

그런 점에서 평택을 국회의원 선거에서 진보정당 단일후보로 나선 무소속 김득중은 의미심장하다. 그는 쌍용차 해고자들이 주요 조합원인 쌍용차지부 지부장이다. 그는 쌍용차 해고노동자가 아니라 '살아남은' 해고노동자다.

해고된 지 햇수로 6년, 그동안 25명의 쌍용차 해고노동자와 가족이 목숨을 잃었다. 오죽하면 선거 구호가 '목숨 뺏는 정치 끝내겠습니다!'이겠는가. 살아남은 해고자들은 그동안 온갖 방법으로 호소하고 애원했다. 목숨을 건 단식도 했고, 특수부대원처럼 부산까지 한달음에 내달리기도 했고, 15만 볼트 송전탑에도 올랐다. 대한문 앞에 분향소를 설치하고 한뎃잠을 자며 19개월간 문상객을 맞기도 했다.

2014년 2월, 긴 법정 싸움 끝에 항소심에서 2009년의 정리해고가 무효라는 판결을 받아냈지만 사 쪽의 상고로 인고의 시간은 아직 끝나지 않았다.

해고자들의 몸을 옥죄는 밧줄 같은 경제적 고통은 상시적이다. 그럼에도 정치권은 외면하거나 시늉만 했다. 더 이상 그들에게 기대지 않고 직접 해고자 국회의원이 되어 문제를 해결하겠다는 게 하나도 이상하지 않다.

누군가의 말처럼 쌍용차 문제는 노동계의 세월호 참사다. 해고자들의 복직은 물론이고 정리해고, 비정규직, 손배가압류 문제가 구조적으로 해결되어야 참사가 반복되지 않는다.

평택에서 나고 자라 평택에 있는 자동차 공장에 다녔던 9남매의 막내라는 이 선한 40대 미중년이 정치인으로서 적합한 자질과 능력을 가졌는지 그건 알 수 없다. 하지만 적어도 사람의 목숨을 귀히 여기는 자질과 공감력의 측면에서 김득중이란 사람은 검증이 끝난 최고의 능력자다. 그거면 충분하지 않은가.

축구에서 승부차기를 할 때 나머지 선수들은 공 차는 선수 뒤에 서

서 어깨동무를 하고 기를 불어넣는다. 그럼 넣는다. 그런 심정으로
노동자 후보 김득중을 응원한다. 우리의 목숨과 미래를 위해서 그
런 뒷배의 역할을 마다할 이유가 없다.

자식이 어떻게
지겨울 수 있나

수류탄 파편처럼 글자 하나하나가 가슴에 날아와 박히는 말들이 있다. 안산 시내에서 그런 글을 봤다. 아이의 엄마 아빠가 실명으로 가로등 기둥에 매단 작은 현수막이었다.

"지겹다는 말은 하지 마세요. 자식이 어떻게 지겨울 수 있습니까?"

이제 막 글을 배우는 사람처럼 한 자 한 자 읽었다. 그렇게 읽을 수밖에 없었다.

세월호 엄마들이 하는 얘기의 시작은 우리 아이가 마지막에 얼마나 무섭고 고통스러웠을까다. 한시도 그 생각이 나지 않는 적 없다며 눈물이 차오른다.

봄 소풍 떠났던 아이들이 돌아오기로 한 날은 4월 18일이었다. 아직도 엄마들 마음속에선 그날이 되면 아이들이 돌아오게 되어 있다. 그런데 4월 16일이 지나가지 않는다. 4월 18일이 돼야 아이들이 돌아오는데 16일에서 단 하루도 앞으로 나아가지 않는다. 부모들이 100번째 '4월 16일', 175번째 '4월 16일'이라고 날짜를 세는 이유는 그래서다. 아이가 사라진 날에서 단 하루도 지나지 않았는데 어떻게 그만하나. 그러므로 지겹도록 되풀이되는 '세월호 지겹다'는 말은 이미 제대로 된 말이 아니다.

　아이의 마지막 순간이 생각보다 길었던 것 같은 정황 때문에 미칠 듯 괴로워하는 부모님에게 이웃의 치유자가 울면서 말했다.
　"그 고통의 순간이 짧아지길 지금 기도해 주세요. 시간과 공간을 벗어난 관계라서 반드시 짧아질 거예요. 엄마 아빠가 한 기도니까요."
　공감하듯 부모님도 함께 울었다고 했다. 지나간 시간을 변화시킬 수 있는 방법은 세상에 없다. 현실적으론 그렇다. 하지만 아이의 마지막 고통과 씨름 중인 부모 자식의 관계에선 예외다. 제대로 된 특별법이 제정돼 진상이 규명된다고 아이들이 돌아오지 않는다. 그럼에도 부모들이 거기에 모든 것을 걸다시피 하는 것은 그래야 비로소 아이와 이별할 준비를 시작할 수 있기 때문이다. 그럴 때까지 조금만 공감해 주고 잠시만 기다려 달라는 것이다.

　공감은 모든 소통의 시작과 끝이다. 세계적 공익재단의 창시자가 마지막으로 구상하는 사업은 아이들에게 공감을 체득하게 하는 '공감학교'를 설립하는 것이다. 공감이 부재한 공동체는 사막처럼 황폐화된다.

공감은 정서적 인정이다. '네가 맞다고 치자' 유의 지적인 인정과는 다르다. 상처든 의견이든 마음이든 정서적으로 그대로 수용하고 인정해 주는 것이다. 사람 마음을 여는 유일한 통로고 그 자체로 강력한 치유적 힘을 가지고 있어서 공감만으로 모든 문제는 해결책을 스스로 내놓는다.

세월호 국면에서 막말과 폭식으로 축약되는 공감의 부재는 끔찍하다. 공감의 신경세포가 따로 존재한다면 그게 다 끊어진 듯 잔인하고 황량하다.

무인도에 표류한 집단의 생존율을 오래 연구한 결과, 건장한 남자들의 집단보다 아기와 노인, 여자가 섞여 있는 집단의 생존율이 훨씬 높았다고 한다. 어른들은 아이들을 보며 '여기서 저 아이의 삶을 마감하게 할 수는 없다' 다짐하며 힘을 내고, 노인과 일부 여성은 아기를 돌보며, 그들은 다시 나머지 집단이 돌보는 방식으로 생존한다는 것이다. 힘만으로 위기에서 탈출할 수는 없다. 공감의 선순환만이 사람을 살린다.

투병 중인 가족을 오래 간병하다 보면 지칠 수도 있다. 그게 사람이다. 하지만 당사자에게 지겹다고 말하진 않는다. 그의 고통과 공포에 공감할 수 있어서다. 다시 다독이고 보살피게 된다. 그게 사람이다.

　내 자식이, 내 동생이, 내 조카가, 내 선생님이 차가운 물속에서 마지막 순간을 보냈다고 한번만 생각해 봐 달라. 그게 공감이다. 그러면 지겨울 수가 없다. 절대로.

노인을 위한
나라는 없다

요즘 하루에도 몇 번씩 인간이란 도대체 어떤 존재일까 생각하게 된다. 세월호가 드러낸 여러 민낯이 대개 그렇지만 인간성의 바닥을 보는 느낌 또한 고문 같아서 그렇다. 누군가의 말처럼 곧 가을 소풍인데 봄 소풍 갔던 아이들이 돌아오지 않는다. 지켜보는 것만으로도 가슴이 저릿한데 그런 아이의 부모들에게 가해지는 비방과 조롱, 비아냥, 극언, 폭력은 믿을 수 없을 정도다. 이미 인간의 말과 행동이 아니다.

혼자만 자식이 죽었느냐다. 자식 팔아 팔자 고치려 한단다. 단식하는 부모에게 차라리 죽으란다. 자식 죽었다고 국가원수에게 막말하면 되느냐며 사과하란다. 단식장 앞에 떼로 몰려가 짜장면을 게걸스럽게 먹는다. 대통령을 만나겠다는 유족을 거리에 패대기친다.

"어떻게 그럴 수 있는가."

기막혀하면 넌 어느 편이냐고 묻는다. 멱살이라도 잡을 기세다. 실제로 그런 일을 당한 적도 있다.

　젊은이들도 일부 있지만 대체로 나이 든 이들이 세월호 막말의 중심에 있다. 노인들은 막말에 행동력까지 겸비해 그 선봉에 있다. 나는 장년층이라기보다 손주가 있어도 어색하지 않은 나이 쪽이다. 그럼에도 노인들의 세월호 행태는 공포스럽기까지 하다. 도저히 어찌해볼 도리가 없다는 생각마저 든다. 그러니 청·장년층은 오죽할까.

　방금 눈앞에서 자식 잃은 부모보다 수십 년 전에 부모 잃은 최고 권력자가 더 불쌍하다는 요지경을 이해하기는 쉽지 않다. 그럼에도 필사적으로 이해의 실마리를 찾아야 한다. 단순히 노인을 공경하는 사회를 만들기 위해서가 아니다. 비슷한 참사가 있을 때 세월호 막말 같은 2차 트라우마는 결국 우리를 모두 죽음의 상태로 몰아가기 때문이다.

　나이 들면 지갑은 열고 입은 닫으라는 말이 있다. 말은 멋지다. 하지만 우리나라 노인들에겐 열 지갑은 없고 죽고 싶을 정도로 지긋지긋한 질병만 있다.

　대다수 노인들은 탈출구가 없다. 따뜻하게 돌봐주는 사람은 물론이고 얘기 붙이는 사람조차 없다. 자식을 포함해 젊은 사람들이 보는 자신들의 과거는 남루하고 가치가 없다. 살아온 세월 자체가 깡그리

부정당하는 느낌이다. 그건 곧 내 존재가 부정당하는 것이다.

　우리나라 자살률은 오이시디 국가 중 압도적 1위다. 10만 명당 자살자 수에서 오이시디 평균이 12명인데 우리나라는 33명이다. 그러나 노인세대로 가면 그 압도적인 숫자조차 하찮다. 우리나라 60대 이상에선 84명, 70대 이상은 117명이다. 좋든 나쁘든 아무 일이라도 터졌으면 좋겠다는 노인들의 체념이 허투루 들리지 않는다.

　노인들을 극진하게 대접해서 고가의 가짜 약을 팔아먹는 사기꾼들은 쉽게 뿌리 뽑히지 않는다. 제3자의 눈엔 어리석어 보여도 이들은 유일하게 노인의 존재에 주목하는 집단이다. 어렴풋이 사기성을 눈치 채도 내게 친절하게 대하는 사람은 내치기 어려울 만큼 노인들의 마음은 피폐하다. 관심을 받을 수만 있다면 그게 악행이든 아니든 상관없다. 생존 본능일 수 있다. 특정한 정치집단이나 사회세력과 관계에서도 작동원리는 같다. 어설픈 진영논리나 꼰대들의 무식한 일탈로만 상황을 인식하면 우리 사회는 이런 일이 있을 때마다 지금 같은 지옥도를 경험할 수밖에 없다.

　그 노인들은 모두 우리 누군가의 부모고 할아버지다. 세월호 특별법이 지향하는 안전한 사회에는 당연히 그들도 포함된다. 광화문 동조단식에 모든 국민이 다 나올 수는 없다. 대신 내 부모에게 혹은 옆집 할아버지에게 눈 맞추고 얘기 들어주는 일, 그들의 삶에 잠깐이라도 인간적인 주목을 해주는 일이 세월호 2차 트라우마인 비아냥과 조롱을 막을 수 있는 중요한 해법인지도 모른다.

심리적 참전

수학여행 간 아이가 돌아오기로 한 날은 금요일이었다. 그로부터 마흔 번의 금요일이 지났는데 아이는 오지 않는다. 그래도 부모의 염원은 계속된다. 책 제목이 《금요일엔 돌아오렴》이다. 단원고 희생 학생 부모 13명의 육성이 담긴 책은 갈피마다 피 울음으로 가득하다.

한 엄마는 오래 살겠다고 다짐한다. 오래오래 '우리 아들'을 기억하기 위해서다. 시간이 지나면 잊는 사람이 많아질 테니 엄마가 오래 남아서 기억해 줘야 한다는 것이다. 그러다 어느 순간엔 하루빨리 '우리 아들'한테 가야 한다며 통곡한다. 하루에도 몇 번씩 그런 냉온탕을 오가는 게 부모들의 일상이다.

모든 죽음이 그렇듯 고통 또한 개별적이다. 심지어 동일한 물리적 자극에도 뇌에서 느끼는 통증은 사람마다 다르다. 내 손톱 밑 가시가 친구의 심장병보다 더 괴로울 수 있는 건 그래서 일정 부분 이해되는

측면도 있다:

하지만 이런 일반적 담론을 넘어서는 압도적 고통이 존재한다. 세월호 참사 같은 트라우마가 그렇다. 피해 당사자가 아닌 이들의 내면까지 파괴할 만큼 파국적 스트레스다. 한 꿈 분석가에 의하면 세월호 참사 이후 어떤 형태로든 세월호 관련 꿈을 꾼 사람이 어마무시하게 많단다. 이 땅에 있던 거의 모든 사람이라고 추론할 만큼. 어떤 사건에서도 있지 않았던 집단적 현상이라고 했다. 그러니 피해 당사자들은 오죽하겠는가.

파국적 스트레스에 노출되면 사람이 변한다. 대표적인 증상은 세상에 대한 철저한 불신과 냉소다. 요즘 엄마들이 고통스럽게 털어놓는 속마음이 있다. 어떤 사고를 접하면 "몇 명 죽었어? 그 정도 가지고 무슨. 더 죽어야 돼. 다 죽어야 돼. 그래야 알지." 그런 마음이 든다는 것이다. 그 말끝에 엄마들은 '내가 점점 괴물이 되는 거 같다'며 내장이 쏟아지듯 운다. 함께 우는 수밖에. 치유 작업이 필요한 건 그래서다.

치유되지 않은 상처는 칼이 된다. 남의 아픔에 공감하거나 동의할 수 없게 된다. 나보다 더 큰 상처를 입은 사람은 세상에 없다고 느낀다. 그런 태도는 개인적 불행을 넘어 고통 속에 있는 다른 이에게 다시 상처를 주게 된다. 세월호와 관련한 박근혜 대통령의 경악할 만한 무감각이 내게는 그런 칼의 한 종류처럼 느껴진다.

고통의 정점에 있다 할 희생자 가족들이 우린 그나마 낫다며 미안해하는 사람들이 있다. 아직도 바닷속에 있는 9명 혈육을 기다리는 실종자 가족들에 대해서다. 사고 직후부터 모든 희생자 가족들이 가장 두려워했던 현실은 '팽목항에서 우리가 마지막으로 남으면 어떡하지. 우리 아이만 못 찾으면 어떡하지'였다. 그런데 지금 실종자 가족들이 바로 그 지옥 같은 현실에 있다. 그걸 너무나 잘 알아서 희생자 가족들은 자기들의 고통을 그나마 낫다고 미안해하는 것이다.

그런 고통 앞에서 돈 문제로 세월호를 인양할지 말지 검토 중이라는 국가라니. 이게 국가인가를 다시 뇌까릴 수밖에 없다. 국가는 애국하라고 있는 게 아니라 이런 때 보험 역할을 하라고 존재하는 것이다. 꼬박꼬박 보험료 냈는데 정작 필요한 순간에 돈이 없다고 발뺌하면 파렴치한이거나 사기꾼이다.

거의 모든 국민들이 반대했음에도 대통령이란 이의 독단적 아집만으로 22조나 되는 돈을 강바닥에 쏟아 부을 수는 있는데 똑같은 권력을 가진 대통령의 힘으로 9명의 주검이 갇혀 있는 선체 하나 인양할수 없다는 건 이해하기 어렵다. 무조건 인양해야 한다.

2015년 1월 26일부터 19박 20일 동안 안산에서 팽목항까지 세월호 가족들과 시민들이 '실종자의 온전한 수습을 위한 세월호 인양 및 진상규명 촉구' 도보 행진을 했다. 그곳에 발걸음이나 마음을 포겠다면 누군가의 지옥 같은 고통을 분담했다는 의미다. 심리적 참전이란 그런 것이다.

불편

마음이 불편한 것은 납득하기 어려워서다.
상식적이지 않기 때문이다.
불편한 언동이나 행동을 일삼는 사람이나 기관은
자기 욕심만 채우려고 하기 때문이다.
불편한 사회를 상식적인 사회로 만드는 것은 구성원의 임무다.
상식적인 사람을 리더로 내세워야 한다.

'내가 해봐서 아는데' 소통법

이명박 전 대통령의 화법은 독특하게 초지일관이다. '나도 한때' 화법이 바로 그렇다. 내가 한때 무엇을 해봐서 잘 안다는 식의 전지전능 화법이다. '나도 한때' 시리즈가 사람들 입에 오르내린 것은 이미 오래전이다. 이 대통령의 화법은 나도 한때 노점상, 비정규직, 기업인, 체육인 등의 체험 차원을 넘어 해병대가 있는 도시에서 성장해 해병대와 아주 친숙하다는 식으로 진화한다. 한때 시인을 꿈꾼 적 있다는 이 대통령의 말을 듣고 있으면, 이제는 한때 꿈꾸었다는 이유만으로도 시인과 공감하고 시작법을 조언할 수 있는 신묘한 지경에 이르렀다는 뜻일지 모른다는 생각마저 든다.

무한 반복되는 '나도 한때' 화법이 국민과 같은 눈높이를 중시하는 대통령의 이미지를 강화하기 위한 친근화 전략이라면 번지수를 잘못 짚었고, 이 대통령의 강렬한 개성을 제어하지 못하는 것이라면 대통령의 메시지를 보좌하고 관리하는 참모들의 직무유기다. 이제 이 대통령의 '나도 한때' 화법을 공감의 표시로 받아들이는 이들은 거의 없다. 비아냥 아니면 한숨이다. 벌거벗은 임금님 우화처럼 당사자와 측근들만 모르거나 외면할 뿐이다.

나는 '나도 한때' 화법이 이명박 정부가 정책을 결정하고 집행하는 태도와 밀접하게 관련이 있다고 생각한다. 그것은 그대로 이명박 정부가 주창하는 소통의 의미와 맞닿아 있다. 이명박 정부의 소통 어젠다에 대한 집착은 유난하다. 대통령실장이 매일 오후에 한 시간씩 관련자들과 '소통의 시간'을 가질 정도다. 그럼에도 불구하고 이명박 정부의 소통능력이 객관적으로 후한 평가를 받지 못하는 것은 초지일관 '나도 한때' 소통법에 집착하는 이유일 가능성이 높다.

단기적·외형적 관점에서 보면 '나도 한때' 소통법이 효율적일 때도 있다. 타이밍만 적절하면 단번에 상대방과 필요한 공감대를 형성할 수 있기 때문이다.

1970년대 강남 개발사를 다룬 한 드라마에서 아파트 공사권을 따내려고 정치 권력자에게 접근하는 젊은 건설사 사장의 일화는 강렬하다. 권력자가 애지중지하던 아들이 오래전 연탄가스로 죽었다는 정보를 입수한 건설사 사장은 아무것도 모르는 듯 자신의 식구가 연탄가스로 죽은 적이 있다며, 서민들이 그런 고통을 당하지 않도록 연탄보일러가 있는 아파트를 짓고 싶다는 소망을 피력해 공사권을 따낸다.

하지만 그런 소통법은 일시적일뿐더러 비즈니스 테이블에서나 빛을 발하는 표피적 소통 기술에 불과하다. 장기적·정서적 영역에서 '나도 한때' 소통법은 명백한 한계를 드러낸다.

구제역 파동을 겪으면서 사람들이 느끼는 심정은 조금씩 다를 수 있다. 이 대통령처럼 백신의 국내 개발이 시급하다고 느끼는 사람도 있고, 대규모 살처분 현장에 투입된 뒤 밤마다 소, 돼지에게 쫓겨 다니는 악몽을 꾼다는 공무원들의 내상에 주목하는 이도 있다. 더는 고기를 먹지 않기로 마음먹은 이도 있고, 300만 마리가 넘는 생명체가 생매장된 사실에 찢기는 듯한 가슴 통증을 느끼는 이도 있다.

내가 해봐서 아는데…… 하고 말할 때 그 앎의 실체에 대해서 더 치열하게 고민하지 않으면 공감과 소통은 애초에 불가능하다. 비즈니스 협상테이블이나 소개팅 자리에서 상대를 단번에 사로잡는 법 따위의 실용적 필요에 의한 '나도 한때' 화법은 자석의 같은 극처럼 사람을 적극적으로 밀어낸다. 자살하고 싶을 만큼 생활고에 시달리는 젊은이에게 '내가 어렸을 때 배곯아봐서 아는데…… 지금은 주린 배를 움켜쥐고 더 노력할 때다'라고 말하면 그건 공감도 아니고 소통도 아니다. 지금 이명박 정부의 '내가 해봐서 아는데' 소통법을 지켜보는 국민들의 심정이 바로 그렇다.

'내가 해봐서 아는데' 소통법으로는 절대 소통의 정부가 될 수 없다. 이제 국민들도 건국 이래 열 명의 대통령을 겪어 봐서 아는데……. 국민과 정부의 소통은 이런 식으론 어림없다. 국민 된 이의 본능적 깨달음이다.

전관예우의
심리적 이유

〈개그콘서트〉에 '전관예우'란 코너를 만들면 대박이 확실하다. 비현실적인 상황 설정, 마비에 가까운 현실감각, 얼토당토않은 근엄함 등 본격 코미디가 갖춰야 할 그 이상을 완비한 소재다. 게다가 궁극에는 은밀하고 야비하게 제 밥그릇 챙기는 전관들 혹은 인간들의 야수적 본능을 겨냥할 테니 대박 나지 않을 도리가 없다. 정동기 감사원장 후보자와 관련한 부적격 논란과 사퇴 기자회견을 보면서 새삼 확신하게 되는 상상이다.

조금씩 시각 차이가 있겠지만, 내가 보기에 '정동기 부적격 논란'의 핵심은 전관예우의 부조리함이다. 줄거리는 똑같은데 매번 주인공만 교체되는 저급한 먹이사슬 드라마를 수십 년째 반복 시청하는 느낌이다.

정동기씨는 대검 차장에서 법률회사로 자리를 옮긴 후 7개월 동안 7억 원의 급여를 받았다. 청와대는 세금 떼면 4억 원 정도로 법적 문제가 없다고 엄호했다. 이런 계산법이라니. 월급에서 세금은 누구나 뗀다. 거기에 나경원 한나라당 최고위원이 경쾌한 어조로 마침표를 찍는다. 단지 봉급을 많이 받았다는 이유로 비판하기는 어렵고, 실질적으로 그만큼 일을 했는지 검토해야 한다는 것이다.

가난의 참담함에 대해 얘기하는데 전혀 톤을 맞추지 못하고 우리 집도 가난하다며, 요리사도 가난하고 운전기사도 가난하고 정원사도 가난하다고 하는 영어 참고서의 그 전설적인 예문을 들이미는 격이다. 월 1억을 받아서 합당한 일이 도대체 무엇일까에 대한 의문은 뒤로 밀쳐놓더라도, 전관예우의 세계에 익숙한 이들은 작금의 정동기 논란에서 문제가 되는 부분이 무엇인지 제대로 알지 못하는 듯하다.

전관예우는 퇴임 이후 공직을 사익에 이용하는 파렴치하고 비도덕적인 악습이다. 요즘은 기업에서도 외국 출장 때 누적된 마일리지를 개인이 사용하는 걸 문제 삼을 정도로 공적인 영역의 영향력을 사적으로 이용하는 걸 단속한다. 공직에서야 더 말할 게 없다.

전관예우는 인간의 위계질서 인식을 교묘하게 이용하고 유통시킨다는 점에서 악습의 뿌리가 깊고 질기다. 군에서 제대한 뒤 사회에서 고참을 만나면 자기보다 나이가 어린 고참임에도 처음에는 반말하기가 어렵다. 자세도 경직된다. 2년 정도 상명하복에 길들여졌을 뿐인데도 그렇다. 고위공직 출신의 전관들은 자신의 재직 당시 업무와 관련해 후배들에게 압력을 가하게 된다. 그런 압력에서 자유로운 후배가 되기는 쉽지 않다. 심리적으로도 그렇지만 현실적으로도 그렇다. 나중에 자신도 그들과 같은 전관의 처지가 될 텐데 모르는 척할 수 없다. 악순환의 공생구조다.

전관들의 상당수는 실무능력보다 자리값, 얼굴값이 먼저라는 게 정설이다. 실제로 1997년 한 해 연간 200건 이상의 형사사건을 맡은 전국 변호사 21명 중 20명이 개업한 지 1~3년 안팎의 판검사 출신 변호사였다. 그런 이들과 맞상대하려면 영화 〈주유소 습격사건〉의 용가리형처럼 더 '쎈' 전관을 동원하는 수밖에 없다. 좀 과장하면 전관예우 공화국이다.

원로 축구인 김호 감독은 고향에 내려가 아이들에게 '공정하게 공을 차면 이긴다'고 가르치고 있단다. 공정하게 공을 차면 이길 수 있다는 생각을 가지고 공을 차는 아이들은 더없이 행복할 것이다. 기본과 상식에 대한 믿음이란 그런 것이다. 예측 가능하므로 인간을 자유롭고 편안하게 한다. 그에 반해 전관예우는 특정한 소수집단만 폭력적으로 이득을 취하는 전형적인 불공정 구조다.

전관예우를 개인적인 도덕성이나 의지만으로 단절하긴 어렵다. 정동기씨도 개인적으론 검소하고 청렴한 공직자였다고 알려져 있다.

그는 청문회조차 해보지 못하고 사퇴하는 자신의 심정을 재판 없이 사형선고를 당하는 심정으로 묘사했다. 불공정한 관행은 양쪽 모두 불행하게 한다. 몇 년째 국회에 계류되어 있는 전관예우 금지 관련 법안* 등은 하루빨리 처리되어야 마땅하다. 전관예우라는 단어가 고려장이라는 사어처럼 취급되는 사회, 그게 기본과 상식이 통하는 공정한 사회다.

---

*2011년 정동기 감사원장 후보 낙마 후 전관예우금지법이 만들어졌지만 별다른 처벌규정이 없는 등 유명무실하다는 게 중론이다.

우리는
김 과장 모른다

오랜만에 친구를 만났는데 소통이 안 돼 답답한 경우가 있다. 자기 얘기만 해서 그렇다. 중요한 프로젝트를 맡았어도, 조직 내의 심각한 갈등이 있어도 그건 자기에게나 현안이다. 우리 회사 자재과 김 과장 있잖아, 이번에 내가 맡은 신기루 프로젝트 있잖아, 그런 식으로 깨알 같은 속사포가 쏟아진다. 우리는 김 과장 모른다. 정상적인 대화가 될 리 만무하다.

중요한 지위에 오른 사람일수록 이런 현상은 걷잡을 수 없다. 정치인이나 고위 공직자를 사적인 자리에서 만나 보면 대번에 알 수 있다. 지극히 사적인 만남인데도 줄곧 자기 업무에 관한 얘기로 대화를 독점한다. 이미 대화가 아니다. 그 만남에 걸맞은 일상의 화제로 어렵게 얘기를 옮겨놔도 조금 있으면 다시 원점이다. 어떤 경우에는 대국민 담화를 통해서 알아야 할 얘기를 밥 먹는 자리에서 듣고 있는 기분까지 든다. 자신이 중요한 일을 하고 있다는 자부심이 넘쳐나서다. 자기 일이 모든 사람의 관심사일 거라고 철석같이 믿어서다. 100명이 있다면 두세 명만 거기에서 예외다.

인간이 사회적 동물이라는 말은 여러 가지 가면(페르소나)을 바꿔 쓰며 살아간다는 의미다. 회사에선 부사장이지만 아버지거나 동생이기도 하고, 다른 누구와는 친구다. 상황에 따라 적절하게 사회적 가면을 바꿔 써야 마땅하다. 자신의 여러 가면 중 어느 한 가면과 자기를 지나치게 동일시하다 보면 반드시 문제가 생긴다. 그런데 우리 사회에서는 일과 관련된 역할 가면이 압도적 우위를 점하는 경우가 많다. 검사가 부부관계에서도 검사 행세를 하고, 회장이 친구 모임에서도 회장 대접을 받으려 하고, 사단장이 집에서도 사단장으로 군림하려 하면 삼류 코미디가 되는데 현실세계에선 그런 일이 다반사다. 비극적 코미디다.

돈을 중심에 놓으면 나이에 상관없이 지갑 두둑한 사람이 형이라는 우스개가 현실이 된다. 마찬가지로 정치인이나 힘 있는 이들이 사적인 영역에서도 자기와 관련된 정책이나 업적을 전부인 양하다 보면 필시 소통에 문제가 생긴다.

자신의 일부를 전체의 자기로 착각하고 있으니 사람에 대한 감각이 있을 리 없다. 그런 사람이 현실감각이 떨어지는 것은 당연지사다. 현실감각이 없으니 소통은 애초에 불가하다. 어떤 역할을 맡기든 똑같은 발연기로 일관하는 일부 아이돌 스타의 복사판이 된다. 그런 이들의 행태가 자기만의 세계에서 우주유영하는 것처럼 보이는 이유다.

　사극이나 정치권력 드라마를 보고 있으면 우리나라 남자들이 울지 않는다는 얘기는 다 헛말이란 걸 대번에 알 수 있다. 윗사람에게 충성다짐을 하기 위해서, 주군의 처지에 공감하기 위해서 엉엉 울기까지 한다. 사적인 영역에서는 그러지 않을 사람들이 공적인 자기 역할에만 매몰되니 우습고도 기이한 풍경이 벌어진다. 정작 당사자들은 그런 게 남들 눈에 기이하게 보일 것이라는 사실조차 감지하지 못한다.

　진짜 답답한 건 이토록 공적 자기가 과잉인 사회에서 공적인 개념이 제대로 작동하지 않는다는 어처구니없는 사실이다. 정작 공적인 자기는 공적인 영역보다 개인의 명예나 사익을 추구하기 위한 도구로 더 많이 사용된다. 아니면 더 힘센 자리로 가기 위한 징검다리로 활용된다.

　불필요하게 공적인 자기에 매몰된 이들이 벌이는 일들은 시대착오적이고 비이성적인 경우가 많다. 현실감각이 현저하게 떨어져서다. 정상적인 상황이라면 '아버지 대통령 각하'라거나 '한국은 좀 독재를 해야 한다'거나 '차라리 유신시대가 좋았다'는 따위의 언설들은 나올 수 없다. 살아 있는 권력을 향해 해바라기처럼 줄선 공적 자기들의 자화상이다.

공적인 자기에 매몰된 모든 권력은 짜증날 정도로 어이없고 언제나 위험하다.

좋은 사람
나쁜 놈 현상

가령 수십 년 동안 악랄한 이름을 떨치던 고문기술자가 사업가로 변신하여 인권단체에 거액을 기부했다고 치자. 고문기술자란 전력 때문에 더 강렬한 미담이 될 수 있다. 반대로 평생을 인권운동가로 헌신한 이가 회계처리 미숙으로 횡령의 실수를 했다고 치자. 인권운동가란 전력 때문에 더 호되게 비판받을 수 있다.

모두 있을 수 있는 일이다. 하지만 두 사례의 당사자들이 공적인 활동을 위해 동시에 검증받는 순간이 오면 그 차이는 명확해진다. 고문기술자에게는 냉소와 의혹보다 반성과 대견함이 키워드로 적용되지만, 인권운동가에겐 그간의 활동에 대한 존중과 신뢰까지 의심하며 혹독하고 집요하게 실수를 문제 삼는다.

늘 나쁜 놈이다가 어쩌다 한번 좋은 일 하면 칭찬이 바가지고, 대개 좋은 사람이다가 어쩌다 한번 실수하면 몹쓸 놈으로 손가락질 받는 그 유명한 '좋은 사람 나쁜 놈 현상'이다. 형들에게 떠밀려 병든 부모를 묵묵히 수발하는 막내 부부는 걸핏하면 욕먹고, 어쩌다 찾아와 비싼 물건으로 환심 사는 형제들이 효자효부로 자리매김 된다면 얼마나 불공정한가. 개인적인 삶에서도 그렇지만, 특히 공적인 영역에서 검증의 잣대는 더없이 공정해야 한다.

박원순 변호사에게 일부 보수언론이 들이대는 검증의 잣대는 지나치게 편파적이고 유치하다. 그가 서울시장* 단일화 후보가 되고 말고를 떠나, 그를 지지하고 안 하고의 정파적 관점을 떠나서 그렇다.

시민운동가란 모름지기 '변두리 판잣집에 살아야 한다'는 자기들 나름의 터무니없는 윤리규정을 적용한 '박원순, 강남 호화아파트 거주 논란' 등의 자가발전은 민망하다. 재벌 후원금을 받아 사회사업을 했다는 지적질은 자가당착이다. 평소 보수언론들의 친재벌적 행태를 고려하면 재벌들에게 좋은 기회를 제공한 박원순을 칭찬해야 마땅하지 않은가. 시민운동가 주제에 자녀를 해외유학 보낸 사실을 언급하며 미간을 찌푸리는 대목에 이르면 찌질함의 원형을 보는 듯한 느낌이다. 이러다 결국엔 부부 금실까지 자신들이 개발한 잣대로 검증하

---

* 오세훈 전 시장이 무상급식 반대를 위해 시장직을 걸고 무리하게 주민투표를 밀어붙였으나 투표율 미달로 사퇴한 후 2011년 10월 박원순 변호사가 안철수의 양보를 받고 야권 단일 후보로 나서 한나라당 나경원 후보를 물리치고 서울시장에 당선됐다.

겠다고 나설 태세다.

검증을 한다면서, 온몸에서 악취가 진동하는 똥 묻은 이들에겐 거친 눈길 한번 주지 않고 작은 티끌 하나를 빌미로 승냥이 떼처럼 물어뜯는 일은 전혀 공정하지 않다.

아마도 우리 역사상 가장 기막히고 부끄러운 검증의 기억은 1997년 대선 당시 한 극우 잡지가 주최한 사상검증 토론회일 것이다. 모든 대선 후보를 다 초청하는 형식이었지만, 그들이 겨냥한 것은 자기들 기준에서 빨갱이라 단정한 김대중 후보였다. 그들은 김 후보를 모욕 주고, 훈계하고, 반성을 강요했다. 기막힌 것은 이런 특정 후보에 대한 심리적 테러를 공중파 3사가 몇 시간씩 생중계했다는 것이다. 우리는 지금도 그런 언론 환경에서 살고 있다.

검증의 잣대는 공정하고 설득력이 있어야 한다. 정책능력이나 리더십을 평가하는 검증은 얼마든지 신랄할 수 있다. 하지만 온몸에 똥 묻은 이가 얼굴에 재 하나 묻은 사람을 일방적으로 나무라는 식의 검증이라면, 희망은 없다. 더구나 그 광경을 보고 있는 유권자들조차 똥 묻은 이의 곁에 가면 악취가 밴다는 핑계로 그놈은 제쳐두고 티끌 묻은 이만 비난하는 식의 프레임에 갇힌다면 더 그렇다.

그런 나쁜 놈 프레임이 깨지지 않는 한, 도덕적이고 헌신적인 삶에 충실한 이들은 공적 영역에 진출하지 않는다. 아니 못 한다. 결국 유권자들은 계속 악취가 풍기는 나쁜 놈들 곁에서 코를 막으며 차악의 선택을 해야 한다. 좋은 사람 나쁜 놈 현상의 고리를 반드시 끊어야 하는 이유다.

'유사 애정남' 박만

애정남은 요즘 가장 인기 있는 개그 코너로 '애매한 것을 정해주는 남자'의 줄임말이다. 적절한 축의금 액수를 정해주는가 하면, 여자 친구와 애인의 기준도 명확하게 정리해 준다. 그녀가 물에 빠졌을 때 뛰어들어 구하면 애인이고, 직접 들어가지 않은 채 긴 막대기로 구해 주고 싶은 마음이 들면 여자 친구란다.

우리 일상과 속마음에는 애매한 지점이 무척 많은데, 그 미묘한 지점을 드러내는 과정에서 사람들은 공감 받는 느낌과 묘한 안도감이 든다. 그런 공감과 안도가 애정남의 폭풍 인기 비결이다. 애매한 것을 정해주는 행위 자체는 보조 장치에 불과하다. 번지수를 잘못 짚어 속마음보다 정해주는 행위에 집중하면 유사 애정남으로 전락하기 십 상이다.

박만 위원장으로 대표되는 방송통신심의위원회의 심의 행태는 유사 애정남의 전형적 모델이라 할 만하다. 내일부터 본격적으로 가동된다는 뉴미디어정보심의팀이 바로 그렇다. 국민의 사적 의사소통 수단인 사회관계망서비스SNS와 모바일 애플리케이션을 심의하는 전담부서인데, 문제가 있다고 판단되면 1차로 시정권고를 하고 그 후 접속 차단 등의 제재를 하게 된다. 국민의 사적인 의사소통을 정부가 늘 주시하고 내용을 들여다보겠다는 것임에도 방통심의위는 신고제이기 때문에 검열이 아니라고 항변한다. 초당 수천 개의 글이 올라오는 에스엔에스에서 모든 내용을 심의하는 것은 현실적으로 불가능하다. 결국 검색을 통해 정부·여당에 우호적이지 않은 표적 심의가 진행될 게 뻔하다. 오죽하면 한나라당에서조차 '시대가 어느 시대인데 강제 삭제하겠다는 말이 나오느냐'며 과잉 충성이 지나쳐 권력을 남용한다고 지적할 정도다.

하지만 방통심의위의 유사 애정남에 대한 집착은 흔들림이 없다. 여야 정치권이 합의하여 2012년 관련 예산을 전액 삭감했지만 박만 위원장은 국회의 결정마저 무시하고 방통심의위가 언론검찰로 자리 매김해야 한다는 나름의 소신으로 전담팀 신설을 강행했다. 나라 걱정에 밤잠을 제대로 자지 못한다는 공안검사 출신다운 저돌성이다.

규제 기능이 강화되면 표현의 자유를 침해할 수도 있지만, 공동체를 위해서는 헌법에서 보장하는 개인의 자유에도 양보가 필요하다고 믿는 사람이 박만 위원장이다. 그런 강고한 믿음의 바탕에서 펼쳐지는 심의가 얼마나 광범위하고 계몽적이고 억압적일지 아찔하다. 방통심의위가 표현의 자유와 양보의 기준선을 정해주는 유사 애정남의 역할을 하겠다는 것인데, 동의하기 어렵다. 누군가의 말처럼 전담팀 10명이 국민 전체의 일기장을 들여다보겠다는 허무맹랑한 발상이지만, 실제 내일부터 그런 일들이 현실화된다.

오래전 동독의 국가안전기구는 체제유지 차원에서 동독 시민 1600만 명의 개인정보 컴퓨터 파일을 만들기 위해 특정인에 대한 농담이나 소문뿐 아니라 낙서까지 조사하고 검열했다. 그 결과 나중에 시민들은 자신의 죄가 무엇인지 모르는 것 자체가 죄가 되었다. 자신은 기억하지 못하지만 국가안전기구의 개인정보 컴퓨터에는 개인이 한 말과 행동이 다 들어 있으니까. 그런 시대와 시도는 모든 이에게 더없이 불행하다.

애정남이 정해준 거 안 지킨다고 쇠고랑 차지 않고 경찰 출동 안 한다. 그냥 지키면 좋은 아름다운 약속이다. 그러나 권력을 행사하는 유사 애정남들은 자신들이 자의적으로 정한 기준을 지키지 않으면 법적으로 처벌받을 수도 있다고 위협한다.

행정기관이 표현물을 심의하고 차단하는 것은 원칙적으로 금지되어야 마땅하다. 더구나 그것이 사적 공간에서 하는 의사소통이라면 더 말할 필요가 없다. 그건 천부의 인권에 해당하는 것이기 때문이다. 그래서 반대한다.

나는
사람이다

근자에 직업적 이유를 떠나, 사람에 대한 감수성에 더없이 갈급하다. 자기 식대로 사람답게 살자고 다른 이에게 사람답지 못한 삶을 강제하는 비인간적이고 모순된 행태가 즐비해서다.

임직원들이 보는 앞에서 노동자를 야구방망이로 구타하고 매값을 던져준 재벌가 2세가 감옥에서 풀려났다. 피해자와 합의한 점이 중요한 감형 이유라지만, 여론은 분노와 냉소가 주류다. 대한민국 일부 자본권력자는 '나는 너와 다른 사람이다'라는 인식이 일상적이다. 재벌 회장이 자기 아들 건드린 이들을 거침없는 폭력으로 다스릴 때처럼 외부 환경에 대한 긴장감이 전혀 없다. 그러니 예의도 없고 염치도 없고 잔인하기까지 하다. 자식이 맞고 들어왔는데 가만있을 부모가 어디 있나? 회사 앞에서 1인시위로 약 올리는데 참을 수 있는 경영자가 어디 있나? 그런 논리로 폭력을 휘두르고 돈으로 해결하려

한다. 그러면 된다고 생각한다. 지금까지 현실이 그러했으므로 돈 많은 이들에겐 '나는 너와 다른 사람이다'라는 학습효과가 지속될 수밖에 없다.

사람 개념의 부재 현상은 교육의 현장에서도 어김없다. 꽃봉오리 영재들이 3개월 사이 4명이나 목숨을 끊었다. 하지만 어처구니없게도 현재 이 불행한 사태의 핵심 쟁점은 카이스트 총장의 사퇴 여부, 외부 인사의 개입 논란, 학사운영 개선안 등이다. 그 안에 있는 꽃봉오리 같은 영혼들의 생명과 상처에 대한 두려움은 거의 없다.

이른바 서남표식 교육개혁의 핵심은 아무리 잘해도 4분의 1은 탈락시키는 무한경쟁이다. 다 같이 잘되는 건 교육의 효율을 떨어뜨리는 전략이라는 거다. 일부가 희생해야 경쟁력이 급상승할 수 있다는 그의 확신은 거의 신앙의 수준이다. 카이스트에 있는 게 행복하지 않아 자퇴하고 싶지만, 울면서 말리는 부모님을 보며 용기를 내지 못한다는 학생들의 고통을 대수롭지 않게 여긴다. 그러니 학생들의 연이은 죽음 앞에서도 '세상에 공짜로 얻을 수 있는 건 없다. 노력 없이, 고통 없이, 희생 없이는 아무것도 얻을 수 없다'고 자신의 소신을 굽히지 않을 수 있다.

하지만 번지수를 잘못 짚었다. '젊어서 고생은 사서도 한다'며 젊은 시절 성폭행도 당해보고 무자비한 폭력으로 불구도 돼봐야 사람

된다는 것과 무엇이 다른가. 젊은 목숨을 희생해도 될 만큼 대단한 소신이나 개혁이란 단언컨대, 세상에 존재하지 않는다. 그런 희생을 치러야 이룰 수 있는 소신과 개혁이라면 개나 줘야 마땅하다.

디엔에이DNA법이라는 게 있다. 지난해 7월부터 시행된 이 법은 아동 성폭력, 살인, 성폭행, 마약 등 상습적 흉악범죄에 대한 효율적 수사 등을 위해 해당 범죄자의 디엔에이를 채취해 보관하도록 하고 있다. 가뜩이나 반인권적 요소가 많은 법인데, 기가 막히고 코가 막히게도 검찰은 파업 중의 물리적 충돌로 유죄 판결을 받은 쌍용차 노동자와 용산 철거민에게 디엔에이를 채취하겠다고 통보했다. 파업 노동자와 철거민들을 상습적 흉악범죄자와 동일하게 보고 국가가 감시하겠다는 것이다. 세상에, 이럴 수는 없다. 사회 모순 해결과 최소한의 생존권 확보를 위해 저항한 이들을 평생 국가의 감시를 받아야 할 흉악범죄자로 인식하는 대한민국 국가공권력의 디엔에이를 해부해 보고 싶은 심정이다.

오늘 우리의 현실에서 사람에 대한 감수성의 정도가 이러하다. 그런 현실에서 '나는 사람이다'란 자기중심성이 사라질 경우 사람답게 살지 못하는 건 당연하다.

사람들이 〈나는 가수다〉란 프로그램에 감동하고 열광했던 이유는,

가수라는 게 본래 노래 잘하고 무엇보다 거기에 집중해야 하는 존재인데 그 본질에 충실해서다. 비슷한 맥락에서 '나는 사람이다'라고 되뇔 때 그 안에는 이 세상과 관계에서 내가 꿈꾸는 모든 것이 담겨 있다. 그러므로 '나는 사람이다'라는 명제에 방해가 되는 모든 삿된 것들은 경계와 저항의 대상이 되어야 마땅하다. 그래야 사람답게 살 수 있다.

판사의
오지랖

얼마 전 부산고법은 낙동강 살리기 사업이 위법하다고 판단했다. 국가재정법에 명시된 예비타당성조사를 하지 않았기 때문이다. 사실관계를 명확히 한 옳은 판결이라는 의견이 우세하지만 문제는 그다음부터다. 위법은 맞지만 사업이 너무 많이 진행되어서 혼란을 막기 위해 사업 시행 계획은 취소할 수 없다는 것이다.

이를 바라보는 국민의 감정은 법관들과는 좀 다르다. 살인을 했지만 이미 사람이 죽었으니 어쩔 수 없다는 것이냐, 사람을 때린 것은 잘못이지만 기왕 패던 것이니 아예 죽을 때까지 패란 말이냐 등의 패러디가 봇물처럼 쏟아진다. 법관들 처지에서는 국민들의 무지와 감정적 대응이 답답하고 짜증날 수도 있다.

행정처분이 위법하면 취소하는 게 원칙이나 공공복리에 적합하지 않을 경우 원고의 청구를 기각할 수 있다는 이른바 '사정판결'의 취지를 몰라서 하는 볼멘소리로 치부하기 십상이다. 하지만 국민들 입장에서는 '공공복리에 적합하지 않을 경우'를 판단하는 법관의 오지랖이 지나치게 넓다고 느낀다. 법관은 자신들이 합리와 법원칙에 의해 모든 것을 공정하게 판단하는 최고의 전문가라고 믿는다. 일정 부분 사실일 것이다. 문제는 그 판단의 분야가 오지랖이라고 할 만큼 무차별적으로 넓다는 데 있다.

공공복리의 적합성에서 재벌 회장을 구속하면 나라경제가 위기에 처할 것이라는 고민까지 개입 안 하는 문제가 없다. 법원칙 이외에 오지랖 수준의 현실적 고려가 지나치게 많다.

얼마 전 석연치 않은 이유로 재임용에서 탈락한 한 판사는 법원의 현행 근무평정 항목들이 모두 주관적인 것이라 판사들이 평가자인 법원장의 눈치를 살피며 늘 노심초사할 수밖에 없다고 토로했다. 그러니 법정에서 판사의 공정하지만 주관적인 판단과 아량에 온전히 기대야 하는 재판 당사자들은 더 말할 게 없다.

판사들이 판결할 때 매우 중요하게 여기는 것 중 하나가 '개전의 정'이다. 한마디로 잘못에 대한 뉘우침의 정도다. 당사자가 어떻게 뉘우쳤느냐보다는 판사가 반성의 빛이 있다고 인정해주는 게 중요하다. 이런 순간 판사의 개인적 취향과 아량은 한 사람의 삶을 결정한다. 내 삶의 자유가 타인의 취향과 세계관에 의지해야 결정될 수 있다면 그런 삶은 얼마나 끔찍한가. 법관들이 내적 균형을 잡기 위해 죽을힘을 다해 노력해도 재판을 받는 당사자로서는 어쩐지 억울하다는 생각이 들 수밖에 없는 이유다. 거기에 판사들의 오지랖이 더해진다는 느낌이 들면 아득하고 막막한 심정은 무한대에 가까워진다.

임기 내내 칼국수만 먹은 대통령은 자기 청렴성을 과신하게 된다. 아무리 큰 측근 비리가 있어도 초연한 자세로 자신의 도덕성과 청렴성을 앞세우며 미동도 않는다. 판사 또한 그렇다. 합리와 원칙을 지키는 일에서 자신에게 부끄럽지 않다고 믿으면 외부의 어떤 호소나 문제 제기에도 눈썹 하나 까딱하지 않을 수 있다.

몇 해 전 대법원장은 신임 법관 임명장 수여식에서 "인간은 본래 불완전한 존재이며 법관도 여기에서 예외일 수 없다"고 했다. 그것이 신임 법관 시절에만 필요한 말일 리는 없다. 오히려 법관의 경력이 쌓이고 오지랖이 넓어지는 시점에 꼭 기억해야 할 판관의 지침에 가깝다.
공공복리나 국가안보, 나라경제 따위의 이유를 들먹이지 말고 법관은 법적 판결에만 집중하면 된다.
낙동강 살리기 사업이 위법한 것이라면 공사 자체를 취소하는 게 옳다. 그에 따른 국가재정의 효율성이나 기술·환경침해적 측면 등은 사업 주체인 행정부가 책임질 일이다. 이번 낙동강 소송의 경우 위법

하나 취소하지 않는다는 '사정판결'은 판사들의 명백한 오지랖처럼 느껴진다.

신이
아니무니다

결국 한화그룹 김승연 회장에게 실형이 선고되고 법정구속*까지 이어졌다. 김 회장은 몰랐고 직원들이 한 일이라는 변호인단의 주장은 받아들여지지 않았다. 재판부가 그런 판단을 하는 데는 한화그룹 본부에서 작성한 한 내부 문서가 결정적 구실을 했단다.

그 문서에는 김 회장이 '신의 경지에 있고, 절대적이고 유일한 충성의 대상'이라는 따위 노골적이고 생생한 표현이 담겨 있다. 아득하고 착잡하다. 21세기에 아직도 이런 일들이 벌어지고 있어서 아득하고, 그런 문서를 작성하고 복무지침으로 회람해야 하는 이들의 처지가 안쓰러워서 착잡하다. 그런 이들을 동병상련의 심정으로 지켜봐야 하는 수많은 다른 노동자들의 처지는 또 어떤가.

＊ 회사에 수천억 원의 손실을 떠넘긴 혐의로 2012년 8월 1심에서 징역 4년을 선고받고 법정 구속됐다가 건강 악화를 이유로 구속집행정지를 받아 병상에 눕거나 휠체어 타고 병원과 재판정을 오가다가 2014년 2월 파기환송심에서 집행유예로 풀려났다.

한 인간을 '신의 경지에 있고, 절대적이고 유일한 충성의 대상'으로 규정하거나 섬김을 강요하는 집단은 어떤 경우에도 틀려먹었다. 정상적이지 않다. 남을 뭉개거나 들러리로 취급하면서까지 신처럼 숭앙을 받아 마땅한 인간이란 이 세상에 없다.

그런데 우리나라 기업집단에서는 그런 일들이 일종의 의전이나 관행이 된다. 사이비 교주나 조폭 두목을 떠받드는 태도와 김 한 장 차이도 없이 똑같다. 그런 상황에선 구조를 제아무리 뜯어고쳐야 소용이 없다. 누군가를 신의 경지로 떠받들어야 하는 틀 안에서 개인의 존엄성을 유지하는 일은 애초에 불가능하다. 인간의 존엄이 전제되지 못하는 모든 논의와 시도는 헛되고 삿되다.

우리나라 대기업 임원들은 총수 이름을 감히 못 부른단다. 한 재벌기업은 자기네 회장을 알파벳 첫 글자인 'A'라고 부른다고 들었다. 직계가족들도 감히 실명을 못 부르니 이니셜로 호칭한다. 결혼한 딸들의 손을 잡고 공개석상에 나타나는 자상한 회장님 곁에 사위들 모습이 보이는 경우는 거의 없다. 신의 경지에 이른 순수 직계 혈통만 중시해서 그런가 보다 추측만 할 수밖에 없다.

직원들의 따귀를 때리고 재떨이를 던지고 임원들을 도열시킨 채 노동자를 야구방망이로 구타하는 자본의 우두머리들이 즐비한 현실에서, 더구나 그런 이들을 존경의 대상으로 강요하는 이 믿기지 않는 현실에서 무슨 경제민주화 타령인가 하는 의문이 생긴다.

고위 임원을 불시에 자주 해고하는 것으로 유명한 재벌 회장을 한 신문은 '살기 위해 몸부림칠 때 나오는 인간 능력의 극한을 직원들로부터 이끌어내는 공포경영'의 달인으로 미화한다. 연쇄살인범은 뭐 하러 잡나. 살기 위해 몸부림치는 사회 구성원들의 능력이 극한으로 치달아서 역동성 있는 사회가 되도록 그냥 놔두지.

밥벌이 때문이든 자존심을 지키기 위한 최소한의 자기합리화이든 누군가를 신의 경지로, 절대복종의 대상으로 강요하는 일에 문제의식을 느끼지 못하는 한 우리나라 대기업 집단의 전근대적인 행태는 무한 반복될 수밖에 없다. 그건 단지 경제영역의 문제, 재벌 회장의 문제에만 그치지 않는다. 자신이 몸담고 있는 집단의 우두머리를 신으로 섬기라는 어이없는 상황에 자신을 그대로 방치하거나 짝퉁 신들의 엽기적 행태를 미담으로 둔갑시키는 언론인은 모두 자신에 대한 예의가 없는 이들이다. 자신을 그렇게 초라하고 비굴하게 만들어서는 안 된다. 문제의식을 가지고 치열하게 성찰해야 한다.

개인의 섬세한 자각이 무엇보다 중요한 이런 복잡미묘한 사안에선 〈개그콘서트〉 갸루상의 무심한 말투를 빌리는 게 효과적일 듯하다. '자본의 우두머리는 신이 아니므니다. 신의 경지를 강요하며 다른 이

에게 함부로 한다면 그건…… 사람도 아니므니다.'

진짜 사람이 되려는 날선 자각만으로도 경제민주화의 많은 부분이 해결될 수 있다고 나는 믿는다.

어떻게 세운 나라인데

일반적인 시각에서는 지극한 평범함이 누군가에겐 비범의 영역이 되기도 한다. 막내 누이에게는 내가 그렇다. 30년 넘는 세월 동안 그에게 내 별명은 '백과사전'이다. 그에겐 자기 동생이 모르는 거 몇 개 빼곤 다 아는 사람처럼 느껴져서다. 지금도 누이의 휴대전화 속 내 이름은 '나의 네이버'다. 누이의 궁금한 열정은 쌍용차 문제부터 대선 후보, 방송사 파업, 가자지구, 동성애, 심지어 연예인 성형 문제에 이르기까지 숨이 찰 정도다. 기대에 부응하기 위해 나는 질문마다 팩트를 몇 번씩 교차 확인하고 한쪽으로 치우친 의견이 되지 않도록 최선을 다한다. 막내 누이의 평범하면서 특별한 이력을 누구보다 잘 알아서다.

그 시절의 많은 누이들이 그랬던 것처럼 그도 초등학교 졸업 후 열네 살부터 평화시장에서 미싱사 '시다'로 일했다. 1970년 재단사 전

태일이 분신하던 그 순간, 그는 평화시장 골방에서 시다로 일하고 있었다. 유난히 지적 호기심이 많은 소녀가 어떻게 그 오랜 세월 자신의 꿈을 골방처럼 꾹꾹 눌러 담고 살았는지 속마음을 들여다보는 일은 생각만으로도 아리다.

놀랍게도 그 누이가 올해 초 50대 중반이 넘은 나이에 늦깎이 대학생이 되었다. 남모르게 검정고시를 준비한 지 2년 만이다. 나와 아내는 누이의 장학재단이 되어 주기로 했다. 그렇게 늦은 나이에 힘들게 대학까지 진학한 누이 나름의 이유는 너무나 명확하다. 늘 조마조마한 삶이 싫었다는 것이다. 내가 뭘 모르는지에 대한 경계를 알 수 없다는 건 그 자체로 공포일 수밖에 없다.

예를 들어, 나로호 발사 실패에 대한 궁금증이 많아도 누이는 그걸 대놓고 물을 수 없었다는 것이다. 다른 사람은 다 아는데 혼자만 모르는 문제일지도 모른다는 생각에. 어떤 경우엔, 예를 들어 해고노동자의 절규를 빨갱이로 몰아가는 언론 보도에 직감적으로 아니라고 느끼면서도 정확하게 그 내용을 알 수 없어서 당황스러웠다는 것이다. 내가 뭘 모르는지 알아야 조마조마하게 살지 않을 수 있다는 누이의 고백은 짠하다.

대학생이 된 지금도 그의 질문은 끊이지 않는다. 더 깊고 집요해진 느낌이다. 누이가 요즘 의아하게 생각하는 일 두 가지를 물어왔다. 한 대학의 철학과 교수씩이나 되는 이가 학생들에게 황당한 과제를 내줬다. 보수 논객의 누리집에 실명으로 '종북 좌익을 진보라 부르는 언론사기 그만하라'는 글을 올릴 것을 강요했다는 것이다. 양심의 자유를 침해하고 교수 개인의 정치적 이익을 위해 학생을 도구화하는 작태지만, 정작 해당 교수는 지적 트레이닝 과정일 뿐이라고 강변한다. 그 사안 속에 내포된 황당함과 폭력성을 직감적으론 알겠는데, 교수가 내준 과제를 무엇보다 우선시해야 하는 늦깎이 대학생의 처지에선 소위 종북 좌파에 대한 자세를 잡기가 쉽지 않다는 게 누이의 고민이다.

박근혜 새누리당 후보가 결정적 순간마다 결심의 근거로 내세우는 '어떻게 세운 나라인데'라는 비장한 멘트도 누이를 혼란스럽게 하는 모양이다. 박근혜 후보와 비슷한 시대를 살아온 누이 같은 이들은 그게 어떤 나라인지 진짜 궁금할 것이다. 나도 그렇다. 알에서 태어난 박혁거세의 건국신화를 의미하는 게 아니라면 아버지 박정희가 이룩했다는 산업화된 대한민국을 의미하는 게 틀림없다. 아버지와 자신이 그토록 힘들게 일으켜 세운 나라를 이렇게 거덜 내다니, 정도의 의미일 것이다.

하지만 바로 그 시절 산업화 역군 중 한 명이었을 막내 누이는 한

번도 자신이 그런 주역일 거라고 생각한 적이 없다. 외려 많이 배운 이들이 나라를 위해 중요한 일을 하는 동안 어린 나이부터 미싱만 돌리느라 아무것도 한 게 없다고 늘 부끄러워하며 조마조마한 삶을 살았다. 비슷한 환경에서 비슷하게 살아온 누이의 친구들도 그렇게 말하곤 한다.

종북 좌파에 의해 나라가 거꾸로 갈까 봐 분노하는 철학 교수나 반대 세력에 의해 나라가 무너질 것이라고 개탄하는 박근혜 후보가 말하는 나라는, 내 막내 누이 같은 이들이 말하는 나라와 같은 나라가 아니지 싶다. 그렇지 않다면 이렇게 폭력적이고 권위적이며 배타적인 방법으로 자기들만의 나라를 주장할 리가 없다. 정치 성향 이전에 개별적 존재로서 인간에 대한 최소한의 관심과 예의에 관한 문제다.

나만 있고, 나만 옳은 나라가 어떻게 100퍼센트 대한민국인가. 진짜, 어떻게 함께해온 나라인데.

탐욕 불감증

우리나라 사람 열에 아홉은 15분 안에 식사를 끝낸다고 한다. 뇌에서 배부른 걸 인식하려면 적어도 20분이 걸리는데, 그런 포만감을 느낄 새도 없이 흡입의 수준으로 식사를 끝낸다는 것이다. 그러니 늘 제 양보다 더 많은 음식을 먹을 수밖에 없다. '빨리빨리' 패턴은 불감증을 유발하고, 불감증은 본의 아니게 탐욕의 기초가 된다. 먹는 것에 국한된 문제는 아니다.

　박근혜 정부의 고위 공직자 후보들을 보면서 그런 불감증을 실감한다. 그들은 너무 빨리 먹어서 포만감을 느끼지 못하는 불감증 환자들처럼 보인다. 한마디로 욕심이 너무 많다.

　경제부총리 후보자는 퇴임기간 9년 동안 27억 원, 국방장관 후보자는 7년 동안 12억 원, 국무총리 후보자는 7년간 8억 원의 재산이 늘었다. 놀랄 만한 금액이지만 자신들은 그렇게 생각하지 않는다. 이

뿐만이 아니다. 후보자 자신이 군대를 면제받을 만큼 병약한 것은 기본이고, 자식 중에서도 딸들은 다 건강한데 유독 아들들만 아버지의 체질을 물려받아 군 면제의 전통을 잇는다. 자식 교육 때문에 위장 전입한 인간적인 문제를 비교육적으로 문제 삼는 것은 너무 야박하다며 하소연하기도 한다. 세금 탈루 의혹에 대해선 20~30년 지각 납부로 퉁치자고 한다.

고위 공직에 미련을 두지 않으면 그전에 돈을 얼마나 벌었든, 어떤 관행을 따랐든, 실수로 세금을 탈루했든, 심지어 병역을 면제받은 의혹조차 큰 문제가 되지 않을지도 모른다. 하지만 그들이 고위 공직을 욕망하는 순간, 그것들은 가감 없이 양지로 끌어올려져야 마땅하다. 신상 털기와는 차원이 다른 문제다.

하지만 고위 공직을 욕망하는 이들의 마음속엔 그런 개념이 애초에 없다. 돈도 명예도 권력도 다 가지려 한다. 자신은 물도 좋고 정자도 좋은 곳에 살아야 마땅한 사람이라고 믿는다.

돈이 아무리 많아도, 넘볼 수 없는 권력을 가졌어도 자신이 그것을 느끼지 못하면 밥을 빨리 먹을 때처럼 계속 허기를 느낀다. 결국 허겁지겁 먹고 집착하게 된다.

수조원의 자산가로 대통령 후보에 나섰던 어떤 이는 자신의 천문학적인 재산에 관한 질문을 받고 전설적인 답변 하나를 남겼다. 자신이 빌 게이츠만큼 재산이 많았다면 기부를 펑펑 할 수 있었을 텐데 그렇게 하지 못해 너무 아쉽다는 것이다. 돈이 많다는 사실을 느끼지 못하면 지금 얼마가 있든 폭식하듯 계속 더 큰 돈을 버는 것 외에는 방법이 없다.

오래전 뜻하지 않은 돈이 생겨 우리 가족의 허브 역할을 하는 두 명의 누이에게 500만 원을 맡긴 적이 있다. 누이들은 그 돈을 가지고 정말 많은 일을 했다. 봄이 되면 식구들에게 노란 원피스나 화사한 양말을 선물했고, 가을이면 전어 파티를 벌였으며, 큰형의 치과 병원비와 조카들의 학비를 후원했고, 가족의 이름으로 어딘가에 후원금을 내기도 했다. 5년이 넘게 그 돈은 그렇게 두루 쓰였다. 그때 나는 500만 원이 얼마나 큰돈인지 뼈저리게 실감했다. 무엇을 얼마나 가졌든 느끼지 못하면 '자기'로 살기 어렵다. 그러면 과식하듯 탐욕적이 될 수밖에 없다.

비록 부결됐지만 스위스에서는 기업 최고경영자들이 터무니없이 많은 급여와 상여금을 받지 못하도록 제한하는 법안에 대한 국민투표가 실시된 적도 있다. 한 사람이 일 년에 수백억 원씩 돈을 받는 게 얼마나 비정상적인 일인지 강제로라도 깨닫게 하는 취지다. 기업의 구성원에게도 그런 추세인데 고위 공직자야 더 말해 무엇 하나.

지금 내 상태를 충분히 느끼지 못하면 늘 허기를 느끼고 집착하듯 욕심내다 보면 그게 바로 탐욕이다. 탐욕스러운 인간들이 판을 치는 고위 공직 사회는 생각만으로도 끔찍하다.

청와대가 대통령
시중드는 내시부냐

윤창중 성추문 사건에서 가장 절망스러웠던 대목은 청와대 홍보수석의 셀프 사과다. 피해여성이 아니라 '대통령께 사과드립니다'란 문장은 청와대의 수준을 적나라하게 드러낸다. 주위에 아랑곳없이 두목만을 의식한 채 90도 인사를 하거나 걸핏하면 무릎을 꿇는 조폭집단의 행동규범이 청와대 고위공직자의 복무지침이 아닌지 잠깐 의심했다. 다른 사람에게 욕을 먹든 말든 자신의 안전과 안락을 보장받기 위해서 오로지 두목이란 존재를 염두에 두는 조폭집단의 행태와 무엇이 다른가.

　조금 더 현실적으로 '라면 상무'* 사건에서 그 회사 홍보실이 자기

---

* 2013년 4월 포스코에너지 임원이 미국행 대한항공기 안에서 라면이 덜 익었다며 잡지로 승무원의 얼굴을 때린 사건. 이어 2014년 12월에는 대한항공 조현아 부사장이 마카다미아 서비스를 잘못했다는 이유로 비행기를 회항시킨 이른바 '땅콩회항' 사건이 있었다.

네 회장님을 향한 사과문을 발표했다고 가정해 보자. 사람들의 분노와 어이없음이 어떨지는 안 봐도 비디오다. 내부 논의 과정에 회장님에 대한 셀프 사과 의견이 나올 수도 있지만, 걸러져야 그나마 제대로 된 조직이다. 하지만 윤창중 사태에서 대한민국 청와대는 그런 제동장치나 현실감각이 송두리째 휘발된 집단처럼 느껴진다. 가장 큰 이유는 대통령이란 권위적 대상에 절대적 몰입을 체질화한 고위공직자들의 태도에 있다.

권위적 대상이란 내게 강력한 심리적 영향력을 행사하는 존재로, 그 원형은 부모다. 아이에게 부모는 절대적 영향력이 있다. 옳고 그름의 기준이 부모의 태도에 따라 결정된다. 어린 시절에는 부모가 권위적 대상이지만, 그다음엔 삶의 시기에 따라 선생님이나 선배, 이성 친구, 윗사람 등으로 분할 이동한다.

그런데 불행하게도 이 나라에서는 권위적 대상이란 말이 복종해야 할 대상이라는 말과 똑같다. 권위적 대상을 역할로 인식하고 시시비비를 따질 수 있어야 하는데, 무조건적인 복종의 대상을 넘어 숭배의 대상으로 강요한다. 가족에게 짐승 같은 폭력을 휘두르는 사람이라도 아버지라는 이름이 붙으면 따르고 존경해야 한다고 세뇌한다. 반기를 들거나 이의를 제기하면 패륜으로 몬다. 권위적 대상과 관계에선 합리적인 모든 의문과 거리 두기가 도륙의 수준으로 제압당한다.

그러다 보면 실제 특성과는 상관없이 부모니까, 윗사람이니까, 갑이니까, 돈이 많으니까 따위의 획일화된 편견의 틀로 권위적 대상을 대할 수밖에 없다. 제대로 된 관계나 소통이 될 리 만무하다.

대통령은 우리나라에서 가장 판단력이 뛰어난 사람이나 가장 인격이 훌륭한 사람이 아니다. 대통령의 역할을 잘 수행할 수 있도록 그렇게 배려하고 존중하는 자리일 따름이다. 하지만 대통령의 신임을 얻어 그 자리에 오래 있고 싶거나 더 좋은 자리를 노리는 고위공직자들에게 대통령이라는 권위적 대상의 아우라는 신에 가깝다. 권위적 대상 한 사람만 안중에 있으니 꼭 필요한 현실감각이나 인간에 대한 예의 같은 건 뒷전으로 밀린다.

윤창중 사태에서 홍보수석은 대통령께 사과하고, 민정수석은 귀국 지시가 법적으로 아무 하자가 없다며 여론을 질타하고, 외교부 수장은 정상회담의 성과를 앞세우며 외교문제로 비화할 게 없다고 나름의 희망사항을 피력한다. 권위적 대상에 대한 착시현상에서 비롯하는 헛발질이란 점에선 도긴개긴이다. "청와대가 중대 국가기관이 아닌 대통령 개인을 시중드는 내시부로 전락했음을 보여주는 참담한 상징"이라는 야당의 논평조차 과해 보이지 않는다.

대통령이라는 권위적 대상에 대한 이 절대적이고 참담한 인식에

균열이 오지 않는 한 대한민국 국민들의 민망함과 절망은 무한 반복될 게 뻔하다. 모든 권력은 국민으로부터 나온다는 민주공화국의 시민이란 사실을 실감하고 사는 일이 지나칠 정도로 어렵다. 불행하고 피곤하다.

후광효과가
판치는 사회

'그게 말이냐 막걸리냐'라는 말은 이런 때 쓰라고 있는 속설이구나 싶었다. 조현오 전 경찰청장의 변호인이 했다는 말을 들으면서 그랬다. 그 주장은 너무 원색적이라서 어린아이의 투정 같기도 하고 술 취한 이의 횡설수설 같기도 하다.

"명문대 졸업에 외무고시를 패스하고 외교관으로 활동하다 경찰에 몸담아 경찰청장까지 한 사람의 말이 거짓말이겠느냐."

여기에 무슨 논리적 인과관계가 있고 최소한의 상식적 판단이 있나. 없다. 내게는 그것이 법적 논리로 무장해야 하는 변호사의 무지거나 무리수라기보다 자기들끼리만 은밀하게 주고받아야 하는 속마음을 엉겁결에 까발린 결과처럼 느껴진다.

어떤 이들에겐 티코와 벤츠의 접촉사고가 났을 때 무조건 티코가 잘못했을 거라는 선입관이 작동한다. 벤츠 운전자가 그 비싼 차를 가지고 자기 손해나는 짓을 했을 리 없다는 예단이 있어서 그렇다. 물론 막걸리에 가까운 말이지만, 어떤 이들은 그 궤변에 고개를 끄덕인다. 우리 사회가 후광효과가 판치는 곳이라서 그렇다. 하나의 도드라진 특성이 여타의 특성을 무력화하는 후광효과의 논리적 오류가 그 자체로 현실이 되는 상황을 너무 많이 보고 살아서 그렇다.

동서들이 참석한 가족모임이 있을 때 좀더 출세하고 돈 많은 이의 말발이 자녀교육, 정치성향, 삶의 가치관 등 모든 영역에서 우위에 서는 경우가 많다. 돈과 성공이 일정 규모 이상이면 다른 것은 묻지도 따지지도 않는다. 개별적 인간은 휘발되고 돈과 성공이 모든 것의 잣대가 된다.

몇 년 전 배임과 조세포탈 혐의로 유죄를 선고받았다가 사면 받은 재벌회장의 일성은 '모든 국민이 정직했으면 좋겠다'였다. 자기는 돈도 많고 나라를 부흥하는 일을 많이 하는 사람이므로 정직하지 않은 일을 할 리가 없다는 셀프 후광효과가 체질화한 느낌이다. 그러니 교묘한 방법으로 세금을 떼어먹은 당사자가 다른 이에게 정직 운운하며 대놓고 훈계질할 수 있는 것이다. 일부 언론은 그 재벌회장에게 사람이 정직하게 살 수 있는 지혜를 묻기까지 한다.

한 영화에서 부인에게 외도 현장을 걸린 바람둥이 남편이 너무 다급해서 이렇게 외친다.

"여보, 당신 눈을 믿어? 나를 믿어?"

물론 눈을 믿는 게 맞다. 하지만 저런 부류의 천연덕스러운 궤변이 이어지면, 일부 사람들이 그 궤변에 고개를 끄덕이기 시작하면 자기 감각에 이상이 생긴다.

그렇게 되면 내가 직접 눈으로 보는 것보다 후광효과나 스펙에 의존하게 된다. 모든 촉수가 그리로만 향한다. 불안해서 생기는 현상이다. 그럴수록 자기감각은 퇴화되고 자기를 믿을 수 없게 되며 작은 일에도 불안이 커져서 또다시 스펙에 매달리는 악순환이 반복된다.

실업 상태에서 불필요한 자격증이라도 따기 위해 학원에 다니면 무엇이라도 하고 있다는 생각에 일시적으로 불안이 줄어든다. 하지만 실업을 탈출할 본질과는 아무 상관이 없는 스펙이다. 지금 우리 사회가 그렇다고 나는 느낀다.

특히 사람 문제에서는 그런 경향이 일상화된 느낌이다. 스펙이 좋으면 모든 게 끝이다. 한 줌의 의심조차 하지 않는다. 뻔한 궤변인데도 발화자의 스펙을 강조하면서 믿으라고 강변한다. 한 술 더 떠 그게 현실이어야 한다고 강요까지 한다. 진실도 힘 있는 자들이 정하고 악도 힘이 있으면 정의가 된다고 우기는 격이다. 그럴 수는 없지 않은가.

논리적 오류가 명백한, 막걸리 같은 말이 사람을 평가하는 잣대로 아무렇지도 않게 통용되는 사회가 정상일 수는 없다. 후광효과가 아니라 인간의 개별성을 바탕으로 묻고 따질 수 있어야 한다. 후광효과에 의존하는 사회는 신기루 사회다. 결국 무너진다.

힘이 있을 땐
모른다

어떤 정권이든 권력형 비리나 인사 전횡으로 인한 패가망신은 단골 메뉴다. 최고 권력자를 향한 권력 실세들의 과보호 행태 또한 그렇다. 그런 순간 균형 감각이란 눈 씻고 찾으려 해도 없다. 권력형 청맹과니가 되어서다. 눈을 뜨고 있되 앞을 보지 못한다. 뒤늦은 후회와 깨달음은 권력이 사라진 다음에야 온다.

천주교 정의구현사제단을 향한 새누리당 윤상현 의원의 질타는 청맹과니 같은 발언처럼 느껴진다. 감히 대통령의 사퇴를 촉구한 사제단에 대한 감정적 대응이겠지만 이번에도 번지수를 잘못 짚었다. 그는 "사제복 뒤에 숨어서 대한민국 정부를 끌어내리려는 반국가적 행위를 벌이는 것은 비겁한 짓이다. 제대 뒤에 숨지 말고 당당하게 사제복을 벗고 말씀하셔야 한다"고 일갈했다.

남다른 정보력과 인맥, 최고 권력자의 신임으로 막강실세라 불린다는 윤상현 의원다운 과감한 발언이다. 하지만 도를 넘었다. 그건 그의 표현대로 '국가원수를 폄훼하는 용납될 수 없는 언행' 따위를 뛰어넘는 막장의 언어다. 윤 의원의 세계에서는 그럴지 몰라도 세상에서 국가원수를 폄훼하는 언행이 최고로 중차대한 사안은 아니다.

정의구현사제단은 정치집단이나 관변단체가 아니다. 최고 권력자의 종교나 정치성향과도 아무 상관이 없다. 어떤 정권에서든 종교적 양심과 정의에 반하는 일들에 대해서 죽비를 들어 깨우침을 준 한국 사회의 허파 같은 조직이다. 지난 40년간 그래 왔다. 국회의원 배지 떼고 사제복 벗고 만나서 이종격투기라도 하겠다는 심사가 아니라면 사과하고 철회해야 마땅한 발언이다. 물론 윤 의원은 그렇게 하지 않을 가능성이 높다.

권력의 중심부에 있을 때 자기 객관화가 쉽지 않다. 자기 행위는 동기부터 이해하고 남의 행위는 현상부터 받아들이려는 인간의 속성이 극대화된다. 권력은 유한한 것이라는 속성을 관념에서 받아들일 뿐 현실로 인지하지 못한다. 내가 마음만 먹으면 무엇이든 할 수 있다고 철석같이 믿는다.

절정의 인기를 누리던 스타들이 훗날 공통적으로 토로하는 것은 자신의 인기가 사그라진다는 것을 상상할 수 없었다는 것이다. 하루에

1000통도 넘게 오던 팬레터가 어느 날부터 누가 채간 것처럼 한 통도 안 오는 현실이 오리라는 것을 어떻게 사실로 받아들일 수 있겠나. 권력은 대체로 임기가 정해져 있다. 어느 시점부터 힘이 소멸될 것인지 정확하게 예상할 수 있다. 그런데도 '나는 다를 것'이라고 믿는다. 평범한 직장인들조차 현직 프리미엄에서 비롯한 현실적 오해와 착각이 얼마나 컸는지 은퇴한 뒤에야 실감한다고 고백한다.

전두환 같은 이는 자신의 단임제 실천을 최대의 치적으로 내세운다. 그 기저에는 '내가 마음만 먹었으면 종신 대통령도 할 수 있는 힘을 가지고 있었지만 포기했다'는 어처구니없는 희생정신이 있다. 물론 대단한 착각이다. 하지만 현직에 있을 때는 당사자나 측근이나 그런 인식이 지극히 현실적인 것이 된다.

인간은 자기 존재감이 극대화될 때 '살아 있네!'란 느낌을 생생하게 실감한다. 내 일거수일투족에 의미를 부여하고 내 영향력을 실감할 수 있는 현직 권력은 그런 점에서 뿌리칠 수 없는 중독물질에 가깝다. '자기'를 생생하게 느끼게 해주는 반응 앞에서는 대부분의 사람들이 통제를 못한다. 권력에는 그런 속성이 많다. 권력에 중독되는 이유다.

힘이 있을 땐 그런 것들을 알지 못한다. 우리가 할 수 있는 건 내가 모를 수도 있다는 사실을 잊지 않는 것이다. 그것만으로도 달라진다.

한가하거나 관념적인 명제가 아니다. 물레방아처럼 반복되는 역사적 삽질을 방지하는 실천적 솔루션이다. 윤상현 의원 같은 현직 실세들에게 꼭 전하고 싶은 말이다.

그게 다가 아닐 수도 있다

폭력적인 공권력 집행을 비판하는 칼럼을 썼더니 허위사실을 유포했다고 경찰이 명예훼손으로 고소를 해서 1년 가까이 재판을 한 적이 있다. 상반된 주장과 검찰 측의 무도한 태도 때문에 스트레스가 만만치 않지만 나름 잘 버틴다. 하지만 정말 견디기 어려운 것은 그야말로 판관인 판사에게 최대한 공손하게 나의 무죄를 증명해야 한다는 피할 수 없는 현실이다. 나는 그게 그렇게 자존심이 상한다.

처음 재판에 나가는 날 아침에는 오래전부터 하고 있는 귀고리를 뗄까 말까 한참을 망설이기도 했다. 얼마나 부끄러운 기억인지. 뿐인가. 재판정에 설 때마다 판사를 보며 '저 이가 무엇이기에 나를 재단하는 것일까' 하는 생각이 드는 한편으로 어떻게든 착해 보이고 싶어서 최선을 다하는 듯한 나를 보며 무참한 기분이다. 그런 내 속마음을 접한 누구는 무겁지 않은 형량을 두고 다투는 일이라 한가하게 투정하는 거란 진단을 하기도 하고, 또 누구는 법치주의의 원리를 모르는 데서 오는 무식의 소치라고 혀를 차기도 하지만 어쩌겠나. 내 마음이 그런 걸.

시내 한복판에서 대규모 촛불집회에 참가하고 있을 때 혹시 대통령 한 사람을 압박하고 설득하기 위해 이러고 있는 거 아닐까 하는 데 생각이 미치면 그 자리에 있는 내가 말할 수 없이 초라하게 느껴진다. 경찰 방패 맨 앞에서 촛불을 들고 서 있는 어린 소녀의 모습을 감동과 결기의 표상으로 전파하는 어른들을 보면 머리칼이 주뼛한다. 어른들의 싸움이기도 하지만 작금의 무자비한 공권력 집행을 감안할 때 폭력적인 진압이 시작되면 아이는 엄청난 내상을 당한다. 오래 고통 받는다. 그래서 나는 그들 속에 섞여 있으면서도 그런 경우 삐딱선을 탈 수밖에 없다.

나는 박근혜 정권의 거의 모든 행태에 동의하기 어렵다. 단순히 이 정권에 반대해서가 아니다. 국민 대다수를 차지하는 노동자들의 파업행위를 적군을 섬멸하듯 몰아치는 공권력은 최악이다. 정권에 비판적이란 이유만으로 종북 딱지를 남발하는 이념 사냥은 끔찍하다. 대통령 자신의 원칙만 진짜 원칙이고 다른 사람의 원칙은 불필요한 장애물로 규정하는 오만과 독선엔 기가 질린다. 자유민주주의를 부정할 생각은 엄두도 내지 못하도록 해야 한다는 대통령의 지시는 기막히다. 죄수를 관리하는 교도소장도 해서는 안 되는 얘기다. 엄두도 내지 못하도록 한다는 그 자체가 자유민주주의를 부정하는 것이라서 그렇다.

그럼에도 불구하고 나는 지금이 유신시대보다 더하다거나 역대 최악의 정권이라는 해석과 선동에는 동의할 수 없다. 당대의 현실인식은 늘 '올해 감기가 최고로 독하다'는 식이라서 체감지수가 과장된다고 믿기 때문이다. 어느 자리에서 그런 중립적인 마음의 일단을 드러냈더니 누군가 농반진반으로 내 정치성향을 진단해 주겠다며 내게 대통령 욕을 해보라고 했다. 그냥 웃었다.

총파업 현장에 참여한 어떤 시민은 현장의 깃발과 구호가 어색할 수도 있고, 열사의 명령을 따르라는 비장한 구호가 불편할 수도 있다. 그렇게 불편한 속마음을 표현할 수 있다. 그렇다고 그걸 이유로 눈흘김 당할 이유는 없다. 적진 앞에서 분열하면 안 된다는 새마을운동 깃발 같은 일사불란한 명제 앞에 언제까지 각자의 속마음을 저당잡히고 살 수는 없다. 나는 '모두 함께'보다 '따로 함께'란 말이 더 마음에 스민다. 그렇게 살기를 바라고 있다.

몇 년 전부터 거리에서 구걸하는 이들을 마주치면 바구니에 꼭 돈을 넣는다. 장애인을 가장한 걸인이라도 상관없다. 그 돈으로 국밥이라도 한 그릇 먹을 수 있으면 그것으로 충분하다고 생각해서다.

한 시인이 지하철 환승역 계단에서 팔다리가 뒤틀려 온전한 곳이 한 군데도 없어 보이는 엄마와 등에 업힌 아기를 보았다고 했다. 그런데 어느 늦은 밤 엄마가 먼지를 툭툭 털며 일어나 아기에게 집에 가자고 말했단다. 그 순간 시인은 배신감보다 다행이란 생각이 먼저 들었다고 토로했다. 나도 그랬다. 그 앞에서 섣부른 동정심에 대한 지적이나 빈곤을 구조적으로 혁파할 수 있는 방안 따위를 논하지 않는다고 손가락질 한다면 그건 하수다. 사는 일이란 때로 '그게 다가 아닐 수도 있다'는 지점에서 출발한다.

개전의 정이 없다

2014년 2월 13일 역사적인 재판이 두 개 있었다. '부림사건' 관련자 5명에 대해 33년 만에 무죄가 선고되었고, 강기훈씨는 '유서대필 사건' 재심에서 23년 만에 누명을 벗었다. 그간 당사자와 가족들이 겪었을 고통은 어떤 말로도 설명이 불가하다. 청춘의 세월은 지났고 몸과 마음은 오래전에 만신창이가 되었다. 자기가 짓지도 않은 죄에 대해 국가로부터 죄인으로 낙인찍혀 살다 보면 누구나 그럴 수밖에 없다. 이마와 가슴에 동시에 찍힌 불도장이니 쉽게 지워질 리도 없다. 그럼에도 아무도 사과하지 않는다. 담당 재판부는 사법부의 과거 판결에 대해 어떤 사과의 말도 하지 않았다. 검찰은 유죄 취지를 그대로 유지했다. 피해자들은 그 무엇보다 미안하다는 한마디를 듣고 싶었다고 말했다. 그게 왜 어려운 일일까.

같은 날, 나도 개인적으로 작은 판결 하나를 받아들었다. 칼럼에서 폭력적인 공권력 집행을 비판했는데 허위사실 적시로 특정 경찰의 명예를 훼손했다며 항소심에서도 벌금 100만 원을 선고받은 것이다. 재판부는 뉘우침 없이 자기변명을 되풀이한다며 내가 유죄인 이유를 조목조목 열거했다. 물론 나는 수긍할 수 없었지만 재판 결과가 궁금해 전화를 한 큰형은 내게 충고했다.

"그만 하면 됐다. 더 뻗대지 마라. 국가의 위신이나 체면이 있는데 더 양보하겠니."

일흔에 가까운 형에게 국가의 위신이나 체면은 그만큼 크고 절대적인 것이다. 큰형뿐이랴. 1980년대 고문을 받고 간첩으로 몰렸던 피해자들이 공통적으로 말하는 가장 큰 고통은 '설마 나라에서 아무 죄도 없는 사람을 간첩이라고 했겠어'라는 주위 사람들의 말이었다. 그 고통은 수십 년 후 재심을 통해 무죄 선고를 받은 이후에야 사그라졌다. 그러니 공권력을 집행하는 담당자들의 인식은 더 말할 것도 없다. 자기들 자체를 신성불가침의 영역으로 생각하니 자기 오류를 인정하는 일이 불가능에 가깝다.

부림사건 당시 공안검사였던 한 변호사는 이번 무죄판결에 대해 선배 판사들을 모두 소신도 없고 엉터리 판결을 한 것으로 몰면 어쩌느냐고 개탄한다. 과거의 법관들이 현장에서 진술을 듣고 겪었던 것을 현 사법부가 자기부정을 해선 안 된다고 점잖게 충고까지 한다. 법조인이 맞나 의심이 들 만큼 어이없고 기막힌 말이지만, 왜 그런 행태를 보이는지 짐작은 하겠다.

그들에게 국가의 권위란 어떤 경우에도 우선하는 가치다. 그리고 대부분의 경우 그들은 자신을 국가와 동일시한다. 한 개인의 목숨이 걸린 일과 국가의 위신이 충돌할 경우 국가가 우선해야 한다고 생각한다. 국가라는 이름으로 결정된 것은 번복할 수 없고 그래서도 안 된다고 믿는다. 만일 틀린 결정이 있다면 국가의 권위를 위해서 개인이 희생을 감수해야 한다는 투다. 자기 신발에 흙 묻히지 않으려고 흙탕물 속에 몸을 담근 이의 등을 밟고 마차를 타는 어떤 이의 호사는 당연한가. 당연하지 않다. 그럼에도 국가가 무엇이기에 자기의 체면과 위신을 위해서 개인에게 보상이 불가능한 희생을 강요하는가.

판사나 검사는 '죄를 뉘우치지 않아서'란 표현을 관습적으로 남발한다는 느낌이다. 그 이유 때문에 죄가 더 무거워지기도 하고 줄어들기도 한다. 자의적으로 느껴져서 그게 늘 못마땅했지만, 지금 시민들로 구성된 상식과 인권의 법정에서 그 기준으로 당시 검찰과 경찰, 법원의 관련 책임자들에게 죄를 묻는다면 가중처벌이 불가피할 것이다. 아무도 사과하지 않는 건 물론이고 자기부정 운운의 궤변 등으로 피해자들의 깊은 상처에 소금을 뿌리고 문지르는 짓이 개전의 정이 있다고 말하긴 어렵지 않겠는가.

염치를 모르는 사람만
승자가 되는 사회

세 모녀 자살 사건 이후 걸핏하면 눈물이 나온다. 그렇게 죽을 수밖에 없었던 삶이 가슴 아파서, 이런 사회의 나이 먹은 구성원이란 사실이 부끄러워서, 서러워서, 분통이 터져서 그렇다.

있는 복지제도를 몰라서 자살했을 것이라는 대통령의 근엄한 교시가 떨어지자, 찾아가는 복지를 내세운 전시성 구호와 대책이 봇물 터지듯 한다. 일과성 호들갑이 되리란 걸 그간의 경험으로 충분히 아는데 거기에 무슨 반응을 하나. 자살세 신설해서 자살도 방지하고 그 재원으로 복지 사각지대를 없애겠다는 대책이 안 나오는 것만 해도 다행이란 생각이 들 정도로 참담하고 무기력하다. 기본소득제 같은 건강한 논의조차 멍한 상태로 듣게 된다.

마지막 집세와 공과금을 넣은 봉투에 '죄송합니다…… 정말 죄송합니다'라고 쓴 짧은 유서는 통곡처럼 눈을 찌른다. '정말 죄송하니다'가 아니라 악다구니 쓰듯 이 사회를 저주하고 원망했다면 남아 있는 이들의 죄의식이 조금 덜했을까. 최소한의 염치와 자존심마저 이방인처럼 느껴지게 만드는 사회라니, 기막히다.

흔히 염치가 사라진 사회라고 개탄하지만 정확한 진단은 아닌 듯하다. 염치가 사라진 사회라서 문제가 아니라 염치가 특정 집단에서만 통용되는 사회적 룰처럼 되어가고 있다는 게 문제다. 어떤 이들은 염치란 걸 사치로 생각하거나 세상물정 모르는 이들의 어리석은 선택쯤으로 여긴다. 그들은 '모든 패악은 우리가 부리고 모든 염치는 너희가 지켜야 한다'고 목소리를 높인다. 그것도 당당하게.

염치를 아는 이와 염치를 거추장스럽게 생각하는 이가 싸우면 승부는 뻔하다. 한쪽은 이인삼각에 모래주머니를 달고 뛰는데 한쪽은 혼자 맨몸으로 뛰는 경기다. 한쪽은 규칙대로 하고 한쪽은 자기 멋대로 하는 경기다. 무슨 수로 이기겠는가. 결국 염치를 모르는 사람만 승자가 되는 사회가 될 수밖에 없다.

밀양이나 강정 같은 현장에서 연대하고 있는 지킴이들이 먹을 쌀과 김치를 부탁하는 글의 첫마디는 늘 '염치없고 죄송스럽지만'이다. 그때마다 울컥한다. 지켜야 할 가치를 위해서 누군가를 돕는 이들의 먹거리를 부탁하는 게 왜 염치없고 죄송스러운 일인가. 외려 보고만 있는 우리가 염치없고 죄송스러운 일인데, 어떤 이들은 그걸 그렇게 미안해한다.

아픈 노동자들을 위해서 오래 헌신하고 있는 활동가를 만났는데 자신이 바이올린을 배우고 있다는 사실을 그렇게 부끄러워했다. 3만 원 한다는 레슨비도, 바이올린을 켜는 시간도 혼자만 살자고 하는 짓 같아서 죄스럽다는 것이다. 내가 보기엔 그 바이올린이 그에겐 최소한의 생존을 위한 심리적 산소통 같은데 정작 본인은 염치없고 죄송스럽게 생각한다.

외딴 산골에서 순박하게 살던 부부가 있었다. 우연하게 생명보험을 들었는데 남편이 갑자기 세상을 떠나서 보험료를 내지 못하게 됐다. 독촉장이 오자 부인이 회사에 편지를 보냈다.

"죄송합니다. 남편이 죽어서 보험료를 낼 형편이 안 됩니다. 용서해 주세요."

거액의 보험금을 받아야 할 이가 보험료를 못 낸다고 연신 사과를 한다. 어쩜 회사는 보험료를 면제해주는 것만으로도 감사의 인사를 받고 있는지 모른다. 우리는 지금 그런 기이하고 부조리한 풍경 속에 들어앉아 있는 존재들이다. 그렇지 않다면 어떻게 참담한 비극들이 이렇게 반복될 수가 있겠는가.

오래전 혁명시인 김남주는 이런 시를 썼다.

낫 놓고 ㄱ자도 모른다고
주인이 종을 깔보자
종이 주인의 목을 베어버리더라
바로 그 낫으로

섬뜩한가. 염치의 존재를 아예 모르거나 깔보는 게 그보다 더 무섭
다. 염치를 회복하는 것도 혁명이라면 나는 혁명가가 되고 싶다.

퍽치기 소통

퍽치기는 공포스럽다. 최소한의 의견교환조차 불가능한 구조라서 그렇다. 지갑을 내놔라, 비밀번호를 불어라 따위 요구도 없다. 느닷없이 달려들어 뒤통수를 가격한 후 돈이나 물건을 빼앗는다. 그게 전부다. 만일 누군가와 의사소통이 퍽치기를 상대하는 것 같다면 그 아득함이나 무기력함은 상상을 초월할 것이다. 기본적으로 퍽치기 소통은 소통이 아니다. 그럼에도 퍽치기 집단에겐 그게 나름의 소통 방법이다. 그래서 무섭다.

퍽치기 집단은 나와 동떨어진 '괴물'들이 아니다. 나일 수도 있고 너일 수도 있다. 끼리끼리 소통이 유별나고, 그 유별남이 원 밖 사람들과 접점을 찾지 못할 때 그렇다. 가령 연인들. 그들은 둘만의 비밀이 많고 심지어 쓰는 단어도 다르다. 남다른 사랑 표현을 '방울방울한다' 말하기도 하고, 기형도 시집의 페이지 숫자만으로 소통이 가능하기도 하다. 기형도 시집이라는 걸 모르는 제3자의 눈엔 뜻모를 숫자를 통한 그들의 소통이 일종의 난수표로 느껴진다. 둘만이 있을 땐 아무 문제도 아닌 일들이 남들에겐 유치하거나 비정상적으로 보이는 이유다. 가족, 동료, 동창, 동아리 등 끼리끼리 소통이 특별한 집단에서 언제든 목도할 수 있는 현상이다.

당권 경쟁을 위해 혹은 계파 간 싸움에서 우위를 점해 자기네 이익을 극대화하려는 정치권의 행태는 끼리끼리 소통의 한 전형이라 할 만하다. 그들은 공적인 영역에서도 자기들끼리 난수표처럼 대화하고 자기집단에 속하지 않는 이들의 시선을 아랑곳하지 않는다. 국민 위에 당원 있냐고 물으면 당원의 정서와 요구가 곧 국민의 요구라고 일축한다.

밀실에서 나누어야 할 노골적인 사랑 행위를 만인에게 실시간으로 공개하면서도 그걸 보고 황당해하는 이들에게 자신들의 사랑이 얼마나 진실한지, 우리는 예전과 달라진 게 전혀 없는데 왜들 이렇게 난리를 치는지 모르겠다고 혀를 차기도 한다. 그건 밀실에서 둘이 발가벗고 있을 때나 할 말이다. 보는 이들을 '멘붕' 사태로 몰고 가는 자신들의 행태를 그 속에 당사자로 있을 땐 전혀 눈치 채지 못한다.

그렇게 정파적 이익을 우선하는 정치인들이 앞에 나서지 않아도 국민들은 오래전부터 4대강, 용산참사, 쌍용차, 강정, 세월호 등에서 충분하고 철저하게 멘붕 사태를 경험했다. 그런 정부의 문제 해결 방식은 펀치기 소통 그 자체다. 끼리끼리 눈 맞추고 고개를 끄덕이면서 자기들 원 밖에 있는 이들의 말은 들어주지 않는다. 우기고 윽박지르고 빤하게 해명했을 뿐 존중하지 않는다. 그림자 취급을 당했다는 느낌뿐이다. 그런 상황에서 무기력해지지 않으면 그게 외려 이상하다.

지금 약자의 위치에 있다고 펀치기 소통에 대한 걱정에서 자유로울 수는 없다. 누구나 부지불식간에 펀치기 소통의 괴물이 될 수 있다.

몇 년 전 우리나라 젊은 광고 천재들이 세계를 놀라게 한 반전 포스터는 볼 때마다 충격적이다. '뿌린 대로 거두리라'는 문구 위에 군인이 총을 겨누고 있는데 포스터를 둥글게 말아 그 총구가 결국 자신의 뒤통수를 향하게 하는 작품이다. 반전 메시지와 별개로 남을 향한 모든 손가락질은 결국 내게 향한다는 사실을 떠올리게 된다.

타인 안에 있는 괴물성을 손가락질하는 내 안에도 괴물성이 있다는 사실을 명확하게 인식할 수 있어야 괴물이 안 된다. 나부터. 펀치기 소통하는 괴물들을 더 만들지 않을 최소한의 팁이 있다면 바로 그것이다.

아는게 힘이다

영화 관람 후 "부부싸움을 하다가도 애국가가 울려 퍼지니까 국기에 경례를 하더라!"는 대통령의 감탄사가 나올 때부터 구체적으로 불길했다. 드디어 정부가 태극기 달기 운동 관련 법 개정안을 준비 중이란다. 정부의 지원책, 동원책, 계몽책은 전방위적이다. 학생들에게 국기게양 일기와 소감문을 쓰게 하는 계획도 있다.

아주 오래전, 대통령이 "국기를 존중하는 일이 바로 애국이며 우리는 국기를 통해 올바른 국가관을 확립해야 한다"고 훈시했다. 늘 그런 것처럼 정부는 곧바로 일사불란한 지침을 하달한다. 국기에 대한 맹세를 제정해 모든 행사에서 암송하도록 했고, 극장에서는 영화 관람 전에 자리에서 일어나 경건한 자세로 '애국가'가 흐르는 화면을 보도록 했으며, 저녁엔 거리에서 '전 국민 차렷! 경례' 구호 속에 1분 동안 일체의 동작을 멈춘 채 국기 하강식을 거행했다. 애국가가 나올 때 불량한 태도를 보인 이가 즉심에 회부됐고, 어떤 이는 비슷한 이유로 초등학생들로부터 '공산당인가 봐'라는 손가락질을 당했다. 지금 대통령의 아버지가 대통령이던 시절의 일이다.

그런 상황에선 부부싸움을 하다가도 애국가가 울려 퍼지면 국기에 대한 경례를 할 수밖에 없다. 애국심 때문이 아니라 불이익을 당하지 않기 위해서다. 매일 맞고 사는 사람이 누가 손만 들어도 머리를 감싸 쥐는 것과 같은 반사적 행동이다. 감동할 일이 아니다.

트라우마에 가까운 모멸감 속에 그 시절을 통과한 이들은 그걸 다시 생각하는 것만으로도 버겁다. 그런데 40년 후, 대통령이 감동했다는 이유로 정부 차원에서 데자뷰처럼 그런 국기 사랑을 다시 강제하면 어쩌자는 것인가.

이 나라에선 나라라는 게 권력자의 취향이나 가치관에 종속된 게 아닌가 의심스러울 때가 있다. 4대강 추진이 대통령의 신념이면 아무리 반대가 심해도 결국 그렇게 된다. 세계화라는 그럴듯한 아이디어가 대통령 마음에 들면 비판적 시각이나 다른 의제는 꺼내는 것조차 죄악시한다. 권력자가 마음에 들고 신념을 가진 일이면 그게 최우선이다. 어떤 정권이든 시한부일 따름인데 영구불멸의 정권처럼 나라가 가져야 할 최소한의 기본마저 자기네들 취향대로 깡그리 바꾼다. 한옥집을 전세 줬더니 세입자가 자기 취향대로 양옥집으로 리모델링하고 마당에 있는 오래된 나무를 뽑아내고 시멘트 주차장으로 만드는 꼴이다.

국민의 윤리와 정신적 기반을 확고히 하기 위하여 제정됐다는 국민교육헌장이 선포될 때 나는 초등학교 3학년이었다. 천하의 명문이라는 393자의 내용을 토씨 하나 안 틀리고 달달 외워야 집에 갈 수 있었다. 유독 암기력이 떨어지는 친구들은 선생님에게 매타작을 당해가며 그걸 외워야 했다. 밤이 이슥하도록 운동장에서 친구를 기다리며 괜한 죄의식에 막막하던 어린 마음을 혹시 들어본 적 있는가. 대통령의 훈시를 구현하기 위해 정부에서 하달한 구체적 지침의 결과다. 이 또한 지금 대통령의 아버지가 대통령이던 시절의 일이다.

그렇게 해서 국민의 애국심이 고양되고 윤리관이 확고해지지 않는다. 광복 70주년의 해이므로 한 집도 빼놓지 않고 태극기를 달아야 하고, 그래야 광복의 의미가 확실해진다는 가설은 무개념하다. 권력자의 취향을 강요하는 폭력에 불과하다. 사람은 파블로프의 개가 아니다. 강제로 조건반사를 훈련한다고 내면화되지 않는다. 자신에게 미친 듯이 열광하는 북한 주민을 보면서 함께 손뼉을 치던 단상의 김정일이 납북된 이에게 귓속말을 했단다.

"저거 다 시켜서 하는 짓이에요. 내가 다 알아요."

최악의 독재자도 인민의 속마음은 알았다는 것이다.

태극기 달기와 관련한 법 개정과 그에 뒤따르는 일사불란한 여러 조치들은 무지한 짓이다. 그걸 보는 국민들 마음이 어떤지 헤아린다면 그렇게 무식한 짓은 못 한다. 아는 게 힘이다.

국립중앙도서관 출판시도서목록(CIP)

그래야 사람이다 : 사회심리에세이 / 지은이: 이명수. ― 파
주 : 유리창, 2015
    p. ;   cm
ISBN 978-89-97918-15-7 03300 : ₩14000

한국 사회[韓國社會]
칼럼집[―集]

304-KDC6
300.2-DDC23   CIP2015007604

이 도서의 국립중앙도서관 출판예정도서목록(CIP)은 서지정보유통지원시스템 홈페이지
(http://seoji.nl.go.kr)와 국가자료공동목록시스템(http://www.nl.go.kr/kolisnet)에서
이용하실 수 있습니다.(CIP제어번호: CIP2015007604)

그래야 사람이다

1판 1쇄 발행 2015년 3월 16일
1판 3쇄 발행 2015년 5월 20일

지은이 이명수
펴낸이 우좌명
펴낸곳 출판회사 유리창
출판등록 제406-2011-000075호(2011.3.16)
주소 413-756 경기도 파주시 문발로 115 세종출판타운 402호
전화 031-955-1621
팩스 0505-925-1621
이메일 yurichangpub@gmail.com

© 이명수 2015

ISBN 978-89-97918-15-7 03300